企业安全教育系列丛书

从意识到行动——企业员工杜绝“三违”实战手册

王家耀　编著

中国环境出版集团·北京

图书在版编目（CIP）数据

从意识到行动——企业员工杜绝“三违”实战手册 / 王家耀编著. —北京：中国环境出版集团，2018.4

ISBN 978-7-5111-3625-1

Ⅰ. ①从… Ⅱ. ①王… Ⅲ. ①企业安全－安全生产－手册知识 Ⅳ. ① X931-62

中国版本图书馆 CIP 数据核字（2018）第 080479 号

出 版 人：武德凯
责任编辑：张维平
责任校对：任 丽
封面设计：韩海丽

出版发行：中国环境出版集团
(100062 北京市东城区广渠门内大街 16 号)
网 址：http://www.cesp.com.cn
联系电话：010-67112765（编辑管理部）
发行热线：010-67125803，010-67113405（传真）
印 刷：北京市联华印刷厂
经 销：各地新华书店
版 次：2018 年 5 月第 1 版
印 次：2018 年 5 月第 1 次印刷
开 本：880×1230 1/32
印 张：6
字 数：142 千字
定 价：28.00 元

前　言

“三违”顾名思义就是：违章指挥，违章操作，违反劳动纪律。它一直都是安全管理一直努力根除的目标，否则一旦发生事故，轻者个人痛苦，企业损失；重者将付出生命的代价和家庭的破碎。还会给国家社会带来不良的影响，因此一定要与“三违”现象做不懈的斗争。

“三违”现象屡禁不止，究其原因还是有的员工在实际操作中存在侥幸心理，嫌麻烦，对违章现象习以为常。

生命是宝贵的，也是脆弱的，一定要珍惜，把安全放在首位，不要用自己的生命来冒险。要积极行动起来，在学习和工作过程中不断提高自己的安全意识和规范自己的安全行为，养成良好的习惯，在安全生产的同时做到“四不伤害”，未来将更加美好。

目　录

第一章　正确认识“三违” 1

第一节　辨识“三违” 2
第二节　“三违”现象剖析 3
第三节　20 种不安全人 6
第四节　“三违”特点及根源 7
第五节　13 大类不安全行为 9
第六节　习惯性违章的各种表现及危害 10

第二章　根源剖析“三违” 23

第一节　违章指挥 10 大行为 24
第二节　违章指挥的根源剖析 25
第三节　违章作业行为的主要表现 31
第四节　违反劳动纪律的主要表现 32
第五节　典型安全生产违章行为 33
第六节　反违章措施 53

第三章　杜绝习惯性违章 59

第一节　习惯性违章 60
第二节　反习惯性违章的必要性和长期性 62
第三节　习惯性违章的纠正及预防 62
第四节　防范习惯性违章的对策 64
第五节　如何防范习惯性违章 69

第六节　易发事故及其防范对策 71
第七节　七条措施反习惯性违章 84

第四章　从意识到行动杜绝“三违” 87

第一节　安全意识培育和素质建设 88
第二节　人不安全行为控制 93
第三节　杜绝物的不安全状态 101
第四节　反“三违”十项措施 108
第五节　预防“三违” 112
第六节　70 种常见违章纠正 115

第五章　多项行动反“三违” 127

第一节　安全行为规范建设与养成 128
第二节　重拳出击——隐患治理 132
第三节　班组安全不放过 138
第四节　现场作业规范 146
第五节　重视企业安全文化建设 148
第六节　加强安全培训 151

第六章　安全知识篇 153

第一节　消防安全知识 154
第二节　电气安全知识 157
第三节　特种设备安全知识 160
第四节　劳动防护用品安全知识 168
第五节　常用安全知识 176

第一章

正确认识“三违”

第一节　辨识“三违”

一、违章指挥的识别

违章指挥是指违反国家的安全生产方针、政策、法律、条例、规程、标准、制度及生产经营单位的规章制度的指挥行为。

违章指挥的表现：不从实际出发，盲目追求完成生产任务，不落实、不执行安全生产责任制；未采取安全防护设施和落实安全管理规定组织生产经营活动；在未取得相关资质资格，未执行审批许可备案等手续的情况下，擅自组织实施相关生产经营活动；设备、人员、方法等条件不具备的情况下组织实施作业；安全意识淡薄，不懂安全技术和规程，强令或指挥他人冒险作业或是违章作业；发现违章作业行为和事故隐患，不及时采取措施，放任自流。

二、违章作业的识别

违章作业是指在劳动过程中违反国家法律法规、标准规程和生产经营单位制定的各项规章制度，不执行工艺技术、生产操作、劳动保护、安全管理等方面的规程、规则，章程、条例、办法和制度以及有

关安全生产的通知、决定等而实施作业行为。

违章作业的表现：不按规定正确佩戴和使用劳动防护用品；发现设备或安全防护装置缺损，不采取措施，继续操作“带病”设备；不执行安全防范措施，在无安全保障的情况下实施作业；不按操作规程、工艺要求操作设备；不执行审批程序，擅自实施作业；未取得相应资格擅自进行作业；无视安全，忽视警告，冒险进入危险区域。

三、违反劳动纪律的识别

违反劳动纪律是指违反劳动生产过程中为维护集体利益并保证工作的正常进行而制定的要求每个职工遵守的规章制度的行为。劳动纪律包括：组织纪律、工作纪律、技术纪律以及规章制度等。

违反劳动纪律的表现：迟到、早退、无故旷工；脱岗、串岗、睡岗；工作时间干私活、办私事；工作中不服从分配，消极怠工；不听从指挥，无理取闹、肆意纠缠、影响正常工作；从事与工作无关的活动；私自会见、容留厂外人员；不遵守各项规章制度。

第二节　“三违”现象剖析

一、“三违”：违章指挥、违章操作、违反劳动纪律

违章指挥：管理人员违反安全规章制度、安全规程指挥生产的行为。具体包括：不遵守安全生产规程制度和安全技术措施或擅自更改安全工艺和操作程序，指挥未经培训人员上岗，使用未经安全培训的人员或无专门资质认证的人员；指挥作业人员在安全防护设施或设备有缺陷、隐患未解决的条件下冒险作业；发现违章不制

止等。

违章操作：主要指现场操作人员违反劳动生产岗位的安全规章和制度，如安全生产责任制、安全操作规程、票证办理规定等。具体包括：不遵守安全规章制度，进入生产区不正确佩戴安全帽、不正确穿戴劳保用品，高处作业不系安全带、不办理作业票、擅自动用他人设备，等等。

违反劳动纪律：主要指作业人员违反劳动纪律和秩序，不履行安全生产责任和用工协议规定，不遵守考勤与休假纪律、上下班不按规定行走穿越生产区，上班时间干私活、串岗。

二、违章行为的类型

1. 冒险性违章：个人认为对自身、设施、设备起安全防护作用的用具多此一举，从而弃之不用。如登高作业不系安全带，进罐作业不办票、外面无监护人；还有一种表现形式就是画蛇添足，滥用防护用品，如车工戴手套操作车床。冒险作业最大的特点就是一般情况下不会引发事故，从而使安全意识较差的员工更容易产生冒险冲动。

2. 习惯性违章：对违章行为习以为常，把错误的组织、操作方法当成正确的加以实施。产生习惯性违章的原因：一是不知道正确的操作方法；二是为图方便省事，无意识的操作而形成的不良习惯。习惯性违章特点：以前就是这样干的！

3. 侥幸心理：作业人员施工前已意识到危险存在，但是危险的程度不大，不足以引起重视，而在侥幸心理的驱使下违章指挥、违章作业。它的产生往往是由于在无意或有意进行了第一次违章或者是知道他人有过同类违章行为的发生且未酿成事故的情况下，产生了侥幸心理。侥幸心理的特点：一次、两次没事，第三次就说不准了。切记：常在河边走，哪有不湿鞋。

4. 异常性和记忆性违章：大脑短暂“真空”，人体指挥系统失灵，引发操作失控。表现形式很多，如特殊情况下大脑缺氧，短时间心绪紊乱，长时间连续作业引发疲劳过度，大脑、手、脚失控，身体机能有缺陷。

5. 环境性违章：指人员受到外界的刺激促成心理异常而发生的违章，如环境引发兴奋过度、忧愁担心、发怒等心理反应影响了对危险的预见，或根本不考虑危险，致使操作违章。

三、违章行为的原因

1. 技术不熟，能力不强，盲目蛮干。操作者没有熟练掌握操作规程，没有工作经验，又不向他人请教，没有察觉到危险的存在，这是产生冒险性违章的主要原因。

2. 自以为是，习以为常。操作者自认为从事该项工作多年，很有经验，对不安全行为习以为常，满不在乎，甚至在工作条件和环境发生变化后也没有引起足够的重视，始终凭经验办事，这是产生习惯性违章的主要原因。

3. 心存侥幸，麻痹思想。在遇到难干、麻烦的工作时，为图省事尽快完成任务，虽然操作有一定的风险，但自认为问题不大，对潜在的风险没有足够的警觉，这是产生侥幸心理的主要原因。

4. 力不从心，疲劳作业。操作人员过于疲劳，感觉机能减弱，注意力下降，动作准确性和灵敏性降低，人的思维和判断错误率高，无法正常操作，从而产生异常性违章和记忆、判断失误性违章。

5. 受情绪的影响，意识不集中。受到外界各种因素的刺激，操作人员心情不好或情绪激动，大脑皮层兴奋，注意力难集中到作业中去，导致环境性违章。

第三节　20 种不安全人

1. 违章作业的“大胆人”；
2. 冒险蛮干的“危险人”；
3. 冒失莽撞的“勇敢人”；
4. 盲目指挥的“糊涂人”；
5. 吊儿郎当的“马虎人”；
6. 满不在乎的“粗心人”；
7. 盲目侥幸的“麻痹人”；
8. 投机取巧的“大能人”；
9. 不愿出力的“懒惰人”；
10. 满腹委屈的“气愤人”；
11. 难事缠身的“忧愁人”；
12. 急于求成的“草率人”；
13. 心神不定的“心烦人”；
14. 手忙脚乱的“急性人”；
15. 固执已见的“怪癖人”；
16. 追求任务的“效益人”；
17. 休息欠佳的“疲惫人”；
18. 变换工种的“改行人”；

19. 初出茅庐的“年轻人”；

20. 力不从心的“老工人”。

第四节　“三违”特点及根源

一、“三违”现象的类型及特点

1. 盲目性“三违”。少数职工认为，作业只是一种简单的体力劳动，因此，对学技术、钻业务和学习安全知识抱着无所谓的态度，凭习惯和经验作业，造成盲目性“三违”。

2. 无知性“三违”。相当一部分职工由于文化素质和技术素质较低，自控能力和自主保安意识差，对应知、应会技术和施工措施一知半解，很多人违了章还根本不知道错在什么地方，造成无知性“三违”。

3. 习惯性“三违”。有相当一部分职工，包括工程技术人员，不能摆正安全与效益的关系，只讲生产进度、产量，随意省略安全技术防范措施，在尝到“甜头”的情况下，实施习惯性“三违”。

4. 管理性“三违”。有些管理人员，重生产安排轻隐患整改，重制度制定轻现场落实，执行力、服从力差，接到隐患整改通知一拖再拖。甚至有的管理人员明知不具备安全生产条件，仍指挥职工强行作业，造成了管理性“三违”。

5. 放任性“三违”。个别管理人员工作责任心不强，现场管理粗放，对一些轻微“三违”现象睁一只眼闭一只眼，助长了职工的错误思想，久而久之，造成了放任性“三违”。

6. 工序性“三违”。有的职工在作业中不按照规程要求施工，工程质量差，安全设施不齐全，给后续工作带来诸多不便，留下了安全隐患，造成工序性“三违”。

二、“三违”现象屡禁不止的根源

1. 侥幸心理。有的职工认为自己的自我控制能力强，对作业环境和条件变化能够掌握自如，偶尔违章也不会出事，碰运气一旦成功，就盲目自信，经常抱着侥幸心理去违章作业。

2. 麻痹心理。在单位一段时间没有发生事故、安全生产形势较为稳定的情况下，有些管理人员、职工就会不自觉地松懈下来，把规程措施置之度外，认为做好安全生产是一件容易的事，麻痹思想油然而生，“三违”现象屡见不鲜。

3. 习惯心理。由于工作内容、场所、形式单一，很多管理人员和职工干惯了、看惯了、习惯了，靠惯性作业，凭经验施工，根本不去想是否违规，是否符合措施要求，形成习惯性“三违”。

4. 马虎心理。少数职工在工作中马马虎虎，粗枝大叶，作业时注意力不集中，应付公事，糊里糊涂出现“三违”。

5. 蛮干心理。有些职工，特别是班组，摆不正安全与生产、安全与效益的关系，一心只想多超产，多拿台阶奖，不顾作业场所有没有安全隐患，就是发现了隐患也不处理，野蛮操作。甚至有的职工为了早下班，上班就干，简化作业程序，盲目蛮干，从而导致“三违”增多。

6. 取巧心理。有的职工为了达到早下班的目的，投机取巧，铤而走险，置规章制度于不顾，我行我素，冒险违章违纪，没有充分考虑其违章行为所产生的严重后果。

7. 轻视心理。一些新工人和部分文化程度较低的工人，由于缺乏安全知识或文化技术素质低，没有认识到安全的重要性和“三违”的危害性，作业中糊里糊涂违章，糊里糊涂出事。

8. 厌倦心理。部分职工因长年累月地高强度劳动或身体健康原因，不堪重负，生产热情不高，工作完全处于应付状态，使安全缺乏可靠性。

9. 唯心心理。受封建迷信思想影响，抱着“是福不是祸，是祸躲不过”的错误想法，不注意安全，随意工作，往往导致违章作业现象。

第五节　13 大类不安全行为

1. 未经许可，开动、关停、移动机器；开动、关停机器时未给信号，开关未锁紧；忘记关闭设备；忽视警告标志、警告信号；操作错误按钮、阀门、扳手、把柄等；奔跑作业，供料或送料速度过快；机械超速运转；违章驾驶机动车；酒后作业；人货混载；冲压机作业时，手伸进冲压模；工件紧固不牢；用压缩空气吹铁屑。

2. 安全装置被拆除、堵塞，造成安全装置失效。

3. 临时使用不牢固的设施或无安全装置的设备等。

4. 用手代替手动工具，用手清除切屑，不用夹具固定，用手拿工件进行加工。

5. 成品、半成品、材料、工具、切屑和生产用品等存放不当。

6. 冒险进入危险场所。

7. 攀、坐不安全位置。

8. 在起吊物下作业、停留。

9. 机器运转时从事加油、修理、检查、调整、焊接、清扫等工作。

10. 分散注意力行为。

11. 在必须使用个人防护用品用具的作业或场合中，未按规定使用。

12. 在有旋转零部件的设备旁作业穿肥大服装；操纵带有旋转零部件的设备时戴手套。

13. 对易燃易爆等危险物品处理错误。

第六节　习惯性违章的各种表现及危害

一、低压电气操作中的习惯性违章

1. 生产现场电源接线不规范，乱拉乱接，电源线受热体烘烤或受尖硬物挤压，电线绝缘破损漏电。

危害：发生人身触电或电气短路引起火灾。

2. 电气工器具、电动工具等外壳未接地，不使用带地线的插头插座。

危害：失去接地保护，易发生人身触电事故。

3. 使用湿抹布擦拭带电的低压电气或电灯。

危害：湿抹布漏电，发生人身触电。

4. 操作低压电气设备不戴绝缘手套。

危害：易发生人身触电事故。

5. 电源接线不接固定桩头，采取缠绕接线或未经插头用导线直接插入插座。

危害： 接触不良，桩头过热引起火灾或损坏设备。

6. 在容器内工作使用的照明灯高于安全电压。

危害： 易发生人身触电事故。

二、检修工作中的习惯性违章

1. 无上岗操作证的人员从事特种作业，无监护人或监护人不在现场，做其他工作。

危害： 易发生人身伤亡事故或损坏设备。

2. 不戴安全帽。

危害： 头部失去防护，当高空坠跌或落物打击将加重伤害程度，工作中不慎会碰伤头部。

3. 检修人员在工作时，随意改变或拆除安全围栏等安全措施。

危害： 对应予隔离或警戒的设备失去安全措施，将会造成人身事故。

三、执行“两票三制”中的习惯性违章

1. 不使用操作票或操作票不合格，遗漏或颠倒项目，开关设备未使用双重命名。

危害： 易发生误操作或人身、设备事故。

2. 操作时监护人不监护，与操作人一起操作或脱离岗位去从事其他活动。

危害： 失去监护易造成误操作或人身、设备事故。

3. 操作前不认真核对设备命名、位置、编号。

危害：易发生误操作，以致造成人身或设备事故。

4. 装挂临时接地线前不验电，接地线用缠绕方法装设。

危害：易发生人身触电事故。

5. 操作带电设备时不使用绝缘工器具。

危害：易发生人身触电事故。

6. 手车开关改热备用后，不认真检查触头是否接触良好。

危害：合闸运行后会发热、拉弧发生事故。

7. 设备简单停电检修不办理工作票，无票工作。

危害：易发生人身触电事故。

8. 工作票中组织、技术措施不完善。

危害：易发生误操作或造成人身、设备事故。

9. 未做全安全措施，即许可工作，或先签名后许可，或不到场就许可。

危害：冒险许可，出了事故，害人害己。

10. 二次继电保护盘工作，未按规定挂指示牌或做安全措施。

危害：容易错盘工作，造成继电保护误动事故。

11. 工作结束，不到现场认真验收。

危害：违章偷懒，留下隐患，造成事故，双方有责。

12. 交接班不严肃认真，简单了事，双方交接不清。

危害：马虎交接，稀里糊涂，易酿事故。

13. 巡视检查不按规定进行。

危害：巡视不细，隐患不除，事故难免。

14. 不定期试验或切换设备。

危害：不试不检，不能防患未然，难免发生事故。

15. 倒闸操作时，不认真唱票、复诵或未能认真核对设备名称。

危害：易发生误操作或造成人身伤害、设备事故。

16. 不核对图板填写操作票。

危害：易出差错，发生误操作事故。

17. 验电笔不在带电部位确证验电器完好有效，就在停电设备上验电。

危害：验电不准确，易造成人身触电伤亡事故。

18. 值班时脱岗、睡岗，不经同意随意换班。

危害：纪律散漫，就是事故隐患。

19. 监护人不认真履行监护人职责，而从事监护以外的工作。

危害：操作中失去监护，易发生误操作或人身伤害事故。

20. 检修和运行都不认真履行工作票许可、终结手续，工作票流于形式。

危害：易发生误操作或造成人身伤害、设备事故。

21. 运行在办理工作票许可、终结手续时，不到现场检查所做的安全措施情况。

危害：易发生误操作或造成人身伤害、设备事故。

22. 工作负责人（监护人）不监护，直接参加工作或离开检修现场，未指定代理人。

危害：易发生误操作或造成人身伤害、设备事故。

23. 检修工作中途换人，不熟悉检修内容和工作范围。

危害：易发生误操作或造成人身伤害、设备事故。

24. 检修人员擅自扩大检修工作范围，到临近带电设备上去工作。

危害：人身触电事故。

四、高空作业中的习惯性违章

1. 楼板平台有孔洞或检修中设备孔洞未及时封盖。

危害：易高空坠跌，人身伤亡。

2. 电缆沟、地沟盖板掀开后，在孔洞周围未装设遮栏和设置警告标志。

危害：易发生人身高空坠跌伤亡事故。

3. 在没有装设栏杆的平台或脚手架上工作。

危害：易发生人身高空坠跌伤亡事故。

4. 使用不合格的梯子或不正确使用梯子（如两部梯子捆绑接长），梯子与地面的倾斜角度过大或过小，将梯子安放在木箱等不稳固的支持物上就登高工作。

危害：易发生梯子折断、滑倒，造成人身伤亡事故。

5. 人字梯中间无链条或使用不合格的链条。

危害：人字梯滑开，造成人身坠落伤害事故。

6. 梯子上有人时移动梯子。

危害：梯子倒下造成伤人事故。

7. 两人站在同一个梯子上工作。

危害：梯子倒塌造成伤人事故。

8. 使用不稳固的梯子时无人扶持。

危害：梯子倒下造成伤人事故。

9. 将梯子直接搁在独立的设备上工作。

危害：损坏设备，造成人身受伤害事故。

10. 临时脚手架的上、下梯子横档距太大，脚手架上的工作平台栏杆缺少或欠缺，横档数量或高度不够。

危害：易发生人身坠跌伤亡事故。

11. 对不合要求的脚手架，不进行检查和验收，盲目登高作业。

危害：易发生倒架，人身坠跌伤亡事故。

12. 在作业高度超过脚手架栏杆或高处作业地点无其他防护措施情况下，不系安全带。

危害：易发生人身高空坠跌伤亡事故。

13. 大修时上下交叉作业未使用安全网。

危害：易发生高空落物，造成物体打击人身伤害事故。

14. 高处作业人员工具、材料的传递、放置未按规定执行。

危害：易发生重物高处跌落造成人身伤害事故。

15. 行车启动前未打铃。

危害：行车移动，避让不及，造成人身挤轧伤害事故。

16. 行车司机离开驾驶室不切断电源。

危害：开关误动，行车自动启动而失控。

17. 高处作业不佩戴工具袋。

危害：工具坠落伤人。

18. 高处作业使用较大工具不系保险绳。

危害：工具坠落伤人。

19. 高处抛掷物件。

危害：高空落物伤人。

20. 穿硬底鞋高空作业。

危害：站立不稳，易滑倒造成高空坠跌伤人。

21. 孔洞盖板、临时栏杆拆除后不及时恢复。

危害：使人高空坠落。

22. 交叉作业时，不注意下方人员进行气割作业。

危害：导致烧伤他人等。

23. 进入高空作业现场，虽系安全带，但不系在腰上。

危害：用时来不及，易出事故。

24. 安全带虽系在腰上，但高空作业时没系好挂钩。

危害：易高空坠落。

五、焊接、气割作业中的习惯性违章

1. 电焊导线破损不及时修补。

危害：引起短路，导致烧毁。

2. 清除焊渣时不戴防护眼镜。

危害：焊渣伤眼。

3. 电焊工作业时不戴安全帽。

危害：高空落物砸头上。

4. 电焊工夏季工作衣领敞开。

危害：引起灼伤。

5. 高处作业时将电焊线缠在身上。

危害：失去平衡，被拉坠落。

6. 非电焊工使用电焊、气焊、气割设备。

危害：易损坏设备，发生触电，气焊、气割回火发生爆炸等。

7. 氧气瓶、乙炔瓶搬运时不佩戴防震圈。

危害：因碰撞爆炸伤人。

8. 氧气瓶、乙炔瓶直立使用时，无防止倾倒的措施。

危害：因倾倒、碰撞、升压易爆炸伤人。

9. 夏天露天作业时，氧气瓶、乙炔瓶无防日光暴晒措施。

危害：因高温升压易爆炸伤人。

10. 氧气、乙炔瓶使用现场水平安放距离小于 5 m，与明火距离小于 10 m，乙炔瓶经常卧放。

危害：气体混合易爆炸伤人，乙炔瓶卧放时阀门密封材料与乙炔反应失效。

11. 电焊、气焊、气割作业时，不用面罩、不戴防护镜、不用电焊手套、不穿焊工服和绝缘鞋等。

危害：易造成人体和眼睛的伤害。

12. 氧气、乙炔皮管接口处不采取绑扎、卡紧措施。

危害：因皮管松而烧伤人等。

13. 氧气、乙炔皮管串联或互换使用。

危害：皮管安全系数降低。

14. 氧气、乙炔皮管横穿马路无防压保护措施。

危害：因车辆碾压皮管破裂漏气。

15. 在金属容器内焊接或气割、气焊时，不设专人监护。

危害：发生事故不能及时抢救处理。

16. 焊工工作完毕，不及时清理现场，不清理皮管、电焊导线，不关闭乙炔、氧气阀门，不关闭电焊机电源等。

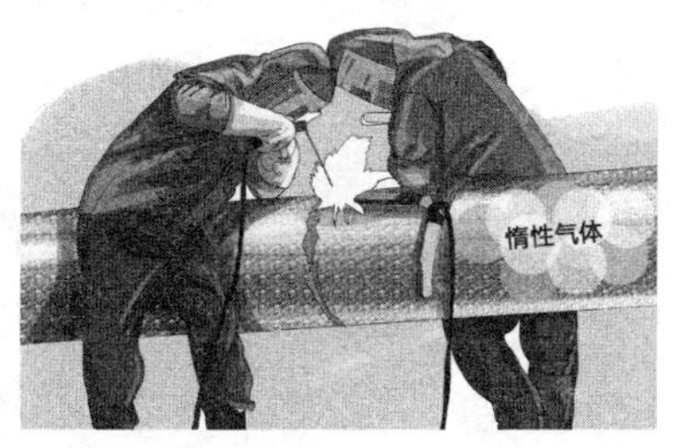

危害：工作场地零乱，易发生乙炔、氧气泄漏，触电等。

六、临时施工用电及照明中的习惯性违章

1. 将电线直接勾挂在闸刀上使用或将电线直接插入插座内使用。

危害：容易短路、触电，接触不良。

2. 保险丝熔断后用铜丝代替。

危害：起不到保险作用，损坏设备，甚至因导线过热导致火灾。

3. 闸刀接线后不装好保护罩或使用保护罩破损的插座。

危害：容易触电。

4. 带电作业时无人监护，无可靠的绝缘措施。

危害：无人保护、易触电。

5. 临时施工电源使用完毕后不及时拆除、切断。

危害：容易漏电、触电。

6. 导线进出开关柜或配电箱无固定。

危害：易拉脱短路等。

7. 使用热得快、电炉子烧水，用碘钨灯照明或取暖。

危害：易引发火灾。

8. 使用电钻、电锤等移动用电工具无漏电保护器。

危害：容易漏电、触电。

七、转动机械操作中的习惯性违章

1. 将运行中转动设备的防护罩或遮栏打开或将手伸入遮栏内，戴手套或用抹布缠在手上，在裸露的球轮、齿轮、链条、钢丝绳、皮带、滚筒、轴头等转动部分进行清扫或其他工作。

危害：卷轧手套、抹布，伤人损机。

2. 启动输煤系统前，没有进行联系，也未按启动警告铃。

危害：易造成人身挤轧伤害事故。

3. 在未做安全措施的输送带上跨越或站立。

危害：易发生人身伤害事故。

4. 在抓斗机进行工作时，进入抓斗活动的范围。

危害：易受抓斗上落物的打击，造成人身伤亡事故。

5. 跨越输煤机、卷扬机等设备的钢丝绳。

危害：易受钢丝绳卷轧造成人身伤害事故。

6. 对运行中的给煤机进行清理或捅煤。

危害：易造成转动卷轧。

7. 风机、水泵、输送带、链运机等转动设备停运检修，未履行工作票手续和采取防止误起动设备的安全措施；工作结束后未会同值班人员一起检查、确认有无人员还在设备上或设备内部工作，就启动运行。

危害：设备误转，易造成人员挤轧伤害事故。

八、个人劳动保护中的习惯性违章

1. 检修现场、进入厂房、高空作业不戴安全帽或不系安全帽的帽带。

危害：受高空落物打击或人身高空摔跌，头部失去保护，加重人身伤害程度。

2. 检修作业不穿劳保服、劳保鞋。

危害：对作业中高温飞溅物、有害物质和电气侵害，身体失去保护，加重人身伤害程度。

3. 在进行车、凿、磨等钳工作业，取、装熔断器时，加酸、加碱等化工操作时不戴护目眼镜。

危害：对作业中铁屑、粉末溅入眼睛失去保护，取、装熔断器时万一发生电弧，刺伤眼睛。

4. 戴手套抡大锤或手锤。

危害：锤子脱手，伤害别人。

5. 化验人员不穿工作服，工作后和吃饭前不洗手。

危害：有害、有毒化学物侵害身体失去防护，有损身体健康。

6. 在有粉尘、有毒气体环境中作业，不戴防尘、防毒口罩，在强噪声环境中不戴耳塞。

危害：尘、毒、噪声会损害人的身体健康，长期会患职业病。

九、交通运输中的习惯性违章

1. 出车前不检查车况。

危害：失去消灭可能发生机械事故的重要时机。

2. 超速行驶。

危害：根据“十次事故九次快”的警句，可见超速行驶是事故的重要祸根。

3. 违章会车。

危害：容易发生碰擦或撞车。

4. 酒后驾车。

危害：失去自控能力，最容易发生车祸。

5. 驾车时吸烟、打手机、与人聊天或精神不集中。

危害: 分散了驾驶员精力和注意力，影响操作，出现紧急情况会措手不及，危及行车安全。

6. 不注意劳逸结合和合理休息，疲劳驾车。

危害：因反映迟钝或操作不力，容

易发生本可避免的各类交通事故。

7. 夜间会车不关闭远光灯。

危害：使对方产生眩目，容易发生撞车或翻车的交通事故。

8. 违章停车。

危害：妨碍道路畅通，容易引发交通事故。

9. 停车时不拉手制动。

危害：路面有坡度时，车轮滑动引发事故。

10. 使用千斤顶修理车辆时未垫枕木。

危害：一旦千斤顶滑脱，无枕木支撑使车辆倾倒而受损或伤人。

11. 开带病车上路。

危害：易发生车毁人亡的事故。

12. 客货混装、超载运物、搭人，货车载物摆放不平稳，绑扎不牢固。

危害：易发生挤伤人、车辆失控、翻车等事故。

13. 铲车等厂内作业车辆超速运行，压坏路沿石。

危害：伤人、撞坏设备、支架。

14. 自卸车不卸顶就启动上路。

危害：碰撞高空管路，次生事故危害不可预测。

十、管理性习惯性违章

1. 生产现场违章指挥，强令冒险作业或违章作业。

危害：违章指挥具有权威性，事故危害最大，强令冒险作业或违章作业必然会发生事故。

2. 强制性安全措施、应急救援预案、已发生事故的整改措施不列入生产计划安排实施且按时完成。

危害：发生安全责任事故，重复发生类似事故。

3. 对设备系统存在的事故隐患、重大缺陷或重复缺陷不组织专题分析，不制订技术方案及时处理。

危害：设备不具备本质安全，存在隐患，发生事故是迟早的事情，设备损坏、人员伤亡都有可能。

4. 生产设备和系统管辖范围划分不明确，设备管理有空白点。

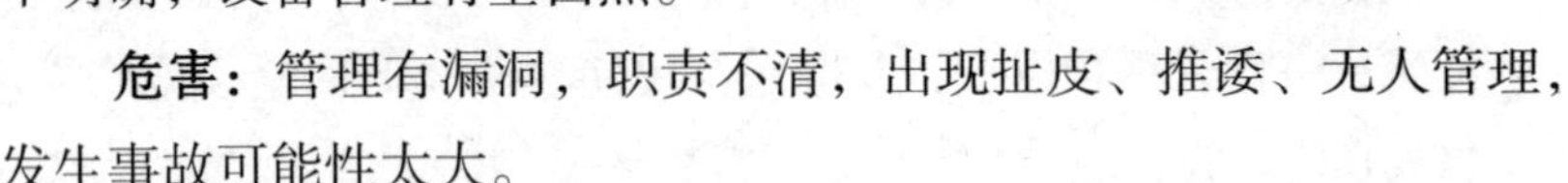

危害：管理有漏洞，职责不清，出现扯皮、推诿、无人管理，发生事故可能性太大。

5. 现场安全防护装置不符合安全规定，装置性违章未能及时治理，劳保用品不按规定发放。

危害：不能起到安全防护作用，容易发生人员伤亡、职业病等危害。

6. 生产现场巡检，发现违章不制止。

危害：放纵管理，发生事故，负有不可推卸的领导或管理责任。

7. 禁火区内有吸烟现象。

危害：管理不严，引发火灾、爆炸事故。

8. 不按规定组织排查隐患、不及时整改隐患，不跟踪督导隐患整改。

危害：隐患没有公休日，心存侥幸要不得。隐患不除，事故不断，责任必负，将被追究。

第二章

根源剖析“三违”

第一节　违章指挥10大行为

1. 不按规定对新工人、复工工人、换岗工人、从事特种作业的工人等进行安全培训。

2. 对安监部门和安技部门发出停止使用通知单的设施，在未消除隐患的前提下擅自安排使用。

3. 多工种、多层次同时作业，现场无人指挥和监护，不制定安全措施，不执行危险作业审批制度和不执行安全措施。

4. 指派身体状况不适应本工种要求的人员上岗。

5. 对已发现的事故隐患，不认真及时整改，又不做整改计划，仍强行安排生产任务。

6. 违章派车。不按载货、载人等规定用车；带病车（刹车、灯光、喇叭、后视镜、雨刮器等不齐全、失效）上路；指令驾驶员违章驾驶。

7. 设备安装不按照技术标准和规定程序进行施工、检查、验收、移交；对在检查验收中提出的问题尚未解决就擅自投入使用。

8. 在机电设备检修的同时，不把安全防护保险装置纳入检修计划。

9. 在无安全生产保证措施的情况下，布置工人拼设备、拼体力、抢时间、争速度。

10. 发生工伤事故，不按“四不放过”原则认真吸取教训和采取必要的防范措施，仍继续冒险作业。

第二节　违章指挥的根源剖析

一、违章指挥的表现形式

指挥者业务技术、管理能力、应急反应等综合素质必有所长，其违章指挥之所以不易被发现，主要表现为以下几种类型。

1. 以身示范型

现场工作指挥人员的职责是正确安全指挥作业，做好监护和交叉作业的协调关系，可有时指挥人员看到作业人员的工作程序和动作不对，此时他不去纠正，而是自己拿起工具干起来，向作业人员演示，把工作当成教学培训，从而忘记了自身的职责，使工作现场失去监护，对工作人员疏于管理，造成工作混乱和存在安全隐患。

2. 明知故犯型

违反安全规程和现场安全措施，在工作中嫌麻烦、图省事，只重结果而忽略安全。如工作时间很短，但各项安全措施需要花费较长时间落实到工作之中，对一些必要的安全防护措施尽量简化，以求在最短的时间内用最少的劳动付出去完成工作任务，存在侥幸心理，对自己的一时放任，可能会酿成严重后果。

3. 赶工期型

设备的检修、维护、改造工程都有严格的时间限制，超出计划时间都算做非计划停运，个别指挥者为了赶工期，抢进度，而招募一些不具备相应施工资质的队伍，聘用一些技术能力低的人员，让工作人员加班加点，造成疲劳作业，对在生产作业中屡次出现的违章行为，不加以制止，各项准备工作做得不到位，工作现场手忙脚乱，给安全工作埋下隐患。

4. 扩大任务型

工作任务计划不周密，想到哪干到哪，擅自扩大工作任务，扩大工作范围，不请示、不汇报，不严格执行“两票三制”，在需要变更安全措施的情况下，不按照规定重新履行工作许可手续，导致工作人员随时有危险。

5. 组织不力型

开工前，准备工作不充分，对整个工作流程不认真研究，不充分排查工作中的危险点和危险源，对使用的工具、材料和车辆不检查、不过问。具体工作分工不明确，盲目开工，随意分派任务，使不能胜任的人员从事有关作业，整个作业中，人不能尽其所能，物不能尽其所用，作业人员怨气冲天，造成工作现场秩序失控，极易引发各类事故。

6. 缺乏应变能力型

随着作业的不断进展，各类不安全因素也随之发生变化，指挥者往往考虑事先想到的安全预控措施，很少考虑变化后的动态安全预控措施，不对动态的危险点进行分析控制，还按部就班地按照原计划实施，强令作业人员冒险作业，从而造成伤害。

二、违章指挥存在的根源

1. 违章指挥具有极深的隐蔽性

指挥者一般都具有较高的安全意识和思想觉悟，其技术水平和领导能力也会得到广大干部职工的认可，作业人员对指挥者下达的各项指令会认为是正确的，不会违章的，即使存在违章，也会认为是特殊情况下的工作需要，指挥者偶尔的过失，也会得到大家的谅解。作为一名指挥者，在整个工作中肩负的责任比其他人更大，对自己下达的各项指令充满自信，对可能发生的错误判断也很难通过自身查找得以及时纠正。基于工作人员的信任和盲从心理以及指挥者自信心理，使违章指挥行为难以察觉，具有很深的隐蔽性。

2. 违章指挥具有传染性

在指挥者暗示和默许下违章作业，既服从了指挥者的命令，得到指挥者的满意，还可减少程序、减少劳动强度、减少麻烦，增加工作效率，何乐而不为呢？多数工作人员愿意听从。身为指挥人员不能以身作则，面对工作人员违章时，批评纠正就缺乏底气，不敢说、不敢管，有意回避，长此以往，指挥者和工作人员就互相助长了违章心理，对违章熟视无睹，造成违章的泛滥。

3. 违章指挥缺乏有效的监管

一是工作人员对指挥者违章心存敬畏心理，缺乏勇气和胆量去说服指挥者，明知错误不敢据理力争，这是工作人员包庇违章指挥者。二是上级领导检查时，被检查单位总是能事先知道领导要来检查了，嘱咐被检查单位做好各项迎接检查的准备工作，结果领导检查时什么问题也没发现，起不到监督指导作用。三是安监人员和有关专业人员顾及面子，姑息迁就，对违章指挥视而不见，见而不管，缺乏责任意识。

4. 对违章指挥者的偏袒

指挥者多数是对整个企业或专业都作出很多贡献的人，因为违章的小事不能揪住不放，也不能处罚太重。所以部分人员对生产骨干发生的违章现象只能睁一只眼闭一只眼，做到大事化小，小事化了。殊不知这种做法不仅不是对违章者的保护，反而会助长违章气焰，使其跌入违章陷阱，不能自拔，对企业对违章者有百害而无一利。

三、违章指挥的危害特点

1. 隐蔽性

由于违章指挥往往发生在领导层，一般不是直接违章，不易被人注意，特别不易被人当时发现。身在险中不知险，如一名员工违章作业，某领导看见不纠正，当这个施工人员因违章发生事故进行事故分析时，往往只强调工人违章，而对这位领导的责任往往不予过问。

从安全系统工程的角度去看，有些事故从表面上看是员工违章作业，如果往深层次分析就会发现，事故的本质原因，往往与劳动组织不合理，安全设施与施工进度不同步，机械设备安全装置不完善或失效，安全设施不完善或不标准，安全监测、检测、检查不及时，安全措施不严密、不准确，安全交底不认真，生产进度过快，管理不严，执罚力度不够，安全教育、培训没有针对性或不及时或流于形式，对本岗位安全知识应知、所知甚少或所知并不适用于本岗位等有着密不可分的关系。

有些管理性违章的发生并不能导致事故的立即发生，因而在分析事故时，往往被人忽略。由于本质原因没有查清，教训不能及时吸取，这是导致事故重演，安全管理恶性循环的重要原因。

2. 顽固性

领导层的违章指挥同员工的违章作业一样，是由一定的心理定式支配的，并且是一种习惯性的动作方式，因而它具有顽固性、多发性的特点，往往不易纠正。只要支配性违章行为的心理定式不改变，习惯性动作方式不纠正，违章指挥就会反复发生，直到行为人受到事故的惩罚。

违章指挥既有很大的习惯性，又有很强的隐蔽性。而隐蔽性又对管理性违章的习惯性起到了很大的掩护作用，这就加剧了管理性违章的顽固性。

3. 诱导性

由于违章指挥多发生于领导层，所以一层影响一层。员工看班长，班长看主管，主管看项目经理……级别越高影响越大。主管不重视安全，班长就更不重视安全；主管不纠正违章，班长也不愿去“得罪人”；班长不纠正违章，员工就认为冒险作业是对的，这无形中对员工安全施工起到了潜移默化的误导作用。时间一长，员工不但不把冒险作业当做违章，而且有时竟当成工作“经验”。从这个角度看，员工的违章作业源于领导的违章指挥。

4. 阻碍性

首先，容易发生违章指挥的人，往往把自己错误的违章习惯，当成经验去固守、去传播。而对新的安全思维方式、新的安全观念、新的安全管理机制，接受、理解差。对安全方面的新事物，抱着怀疑、观望的心理。这种心理对运用新的安全思维方式、落实新的安全管理机制具有阻碍性。

其次，违章指挥均发生于领导层，无论其职务高低，对生产人员来讲都属于领导。许多会议精神及新的安全思路、新的安全管理机制，都要靠这些人去贯彻落实。如果这些人的安全思维不转变、安全观念不更新，势必对安全新思维的运用，新的管理机制的贯彻落实起到一定的阻碍作用。

5. 诱发性

对事故的诱发性：员工的违章作业，可以直接导致事故的发生。违章指挥不但可以，甚至能导致恶性事故的发生。当然，并不是所有的违章指挥都与事故发生有着立竿见影的关系。违章指挥诱发事故分滞后型和直接型两种。

滞后型表现在虽然违章指挥出现，但是事故并不随之而来。如对上级文件传达贯彻不力，教育培训不认真，事故分析不符合要求等。

直接型则表现在只要违章指挥出现，就有随时发生事故的危险。例如，在高空作业的危险区域，安全带没有可挂之处，但又不采取措施；起重机械安全装置失灵，领导知道但不予处理，仍强令继续施工等。

四、违章指挥的成因

1. 历史原因

许多中小型企业都是从家庭式的作坊起家的，管理带有鲜明的家庭式的管理烙印。或多或少的不良的习惯性行为方式一脉相承，代代相传，根深蒂固。

2. 社会原因

一些领导在特定的社会环境中养成的不良习惯，如不良行为的上行下效或师授徒仿等，是产生违章指挥的一个重要因素。

3. 心理原因

新旧交替过程中，很容易使人离开新的轨道而步入旧辙，即导致习惯性违章行为。麻痹大意、侥幸心理、自以为是、求快图省事的原因等，是支配习惯性违章的思想因素。

第三节　违章作业行为的主要表现

1. 无知型违章：对新岗位、新设备、新工艺、作业环境、工艺流程、设备性能、安全规章制度等情况不了解或不熟悉、盲目操作。

2. 习惯性违章：明知违章，却固守原有的不良习惯，习惯成自然。

3. 季节型违章：冬季易发生戴手套操作旋转切削设备。库房、车间办公室隐蔽地点违章使用电热台毯，办公桌下装设大功率普通灯泡或碘钨灯取暖，使用电炉热饭菜，私生火炉等违章现象。夏季易发生赤膊、穿背心、穿短裤、塑料凉鞋等。

4. 时段型违章：临近中午或下班时段、急于就餐或完工、特别是最后一只工件、最后一次吊运、最后一项操作过程，往往会出现以“快”字替代遵章守纪。

5. 取巧型违章：表现在贪图一时的省事、省力、省走远路导致违章引发事故。

6. 侥幸违章：明知违章，存有侥幸心理，单凭主观设想企盼偶然获得成功。

7. 经验型违章：将不规范操作方法误认为经验，恪守所谓的“经验”造成一次次重复违章。

8. 疏忽型违章：作业前揣摩了周密的安全操作步骤，作业中也能自觉做到遵章守纪，但配合上的失误或一时疏忽又回到了违章的老路。

9. 管理型违章：安全管理不仅仅是企业内部的事，同样不能疏忽与相关方面的约定，特别对在外包内做临时性包工队的管理。

10. 逆反型违章：曾因违章被有关领导多次指出并批评教育而产生逆反心理，故意制造违章。

第四节　违反劳动纪律的主要表现

劳动纪律是全体员工在生产、劳动过程中为保持正常的劳动生产秩序所必须遵守的行为准则。

主要包括：组织纪律、工艺纪律、工作纪律三个方面。其主表现为六个不：不能服从工作指令、不能安全有效地完成生产任务、不能遵守岗位职责、不执行工艺纪律和安全操作规程、不认真执行交接班制度和设备维护保养制度、不遵守劳动纪律，如迟到、早退、旷工、窜岗、干私活等。没有劳动纪律的约束，企业正常的生产秩序无法维持，这不仅给生产任务的完成带来一定的影响，而且可能引发各类事故，带来严重的后果。

第五节　典型安全生产违章行为

一、作业类违章

1. 触电

工作负责人工作期间未指定有资格能胜任的人员临时代替就离开工作现场。

非电工从事电气作业或不具备带电作业资格人员进行带电作业。

现场设备检修不核对设备名称、编号、位置、状态走错间隔。

未经许可，擅自解除电气设备防误闭锁装置。

使用未经检验或无检验标识、超周期、绝缘不合格的电气工器具。

在电气设备上工作不按规定拆装接地线，装设接地线前不验电或使用不合格的验电器。

跨越安全围栏或超越安全警戒线。

使用手提电钻、磨光机、手提砂轮等电动工具无接地线、金属外壳不接地，不戴绝缘手套。

设备检修，约时停送电或启动设备，不使用“停送电联络单”。

设备检修完毕，未办理工作票终结手续，安全措施未恢复至开工前状况（漏拆接地线等）就恢复设备运行。

在带电设备附近进行起吊作业时，安全距离不够或无监护。

在电缆沟、隧道、夹层或金属容器内工作，不按规定使用安全电压行灯照明或无人监护。

使用检修电源和临时电源拖线盘未安装合格的漏电保护器。

照明及电动工具电源引线在地面拖拽。

进行电焊工作时，电焊机外壳不接地或使用有缺陷的焊接工具；电源线中间接头有裸露的部分；使用的焊接线端部无电缆鼻子、与焊机连接处缠绕固定。

电机试转前外壳未接地。

漏挂、错挂、未挂电气警告牌及标志牌。

高压试验时，带电设备周围及通道未设围栏标志。

接电源时，将电源线直接挂在刀闸保险电源测。

保险丝（熔丝）用铜丝、铝丝、铁丝等代替。

乱接乱拉低压线路，使用不合格的电线电缆。

使用外壳已破损的刀闸电源接线板，不使用电源插头，将导线直接插入带电的插座。

非电气人员擅自接电源线。

使用无盖电源刀闸，湿手摸触电灯开关以及其他电气设备。

检修工作结束后，电动工器具或行灯电源未切断就收电源线。

在仪表保护电源回路上接电炉等负载。

电气操作时不使用绝缘工具。

动手触摸开关机构、移动遮栏或越过遮栏。

低压带电作业不设专人监护。

使用钳形电流表测量电流时未戴绝缘手套。

擅自在设备上工作。

在控制保护回路上工作，不带图纸，不核对现场接线端子编号，凭经验工作。

带长杆、梯子等长物进入高压室、升压站时，无人随行监护。

在带电设备周围，用钢卷尺、皮尺进行测量工作。

没有查清电缆是否带电，盲目锯割。

开启电焊机时，一只手搭在焊机上，另一只手扒开关。

雷雨天巡视室外高压设备，不穿绝缘靴。

临近工作范围的带电设备，安全距离不符合规定要求而进行工作。

遇有电气设备火情或人员触电时，不切断电源进行抢险。

临近带电设备作业，应设而未设专人监护。

登杆塔前不核对线路标志，误登带电线路。

擅自拆除“禁止合闸，线路有人工作”或“禁止合闸，有人工作”标志牌。

电气母线室、开关室、变压器室、变电所围栏门等不上锁，动力盘、闸门盘、电源盘、照明箱等门不关严。

未经许可单独进入高压室或进入变电所。

变电所倒闸操作不戴绝缘手套。

违反规定使用万能钥匙解除电气设备防误闭锁装置。

不按规定使用电气安全工器具和防护用品。

跨越过道的电源线未进行高处固定或穿越路面无防护措施。

进入金属容器内的电源，控制开关未放在容器外。

金属容器内使用非安全电压照明及电动工器具；行灯变压器带入容器内；行灯变压器外壳未可靠接地或无防护罩；使用自耦变压器。

焊工对电焊机二次线的破裂、裸露和接头松动不处理就使用或不停电就处理（包括焊机二次线接头未用专用接头、地线未采取紧固）。

使用电焊作为割锯使用。

将电源线钩挂在刀闸、开关或将电源线直接插入插座上使用。

电源线与金属结构或脚手架无绝缘措施，或使用脚手架、轨道、正式结构等做焊接地线使用。

用湿手、油手或使用工具拉、合电气开关。

未经批准，动用不属于自己分管的电气设备、工具。

在带电设备附近进行起吊作业，不符合安全距离或无人监护。

2. **高处坠落**

高处作业不使用安全带或安全带未挂在牢固的构件上；作业过程中安全带低挂高用者。

使用未经检验的或不合格的安全带。

高空作业下方未设置安全网或隔离区。

使用未经验收合格的脚手架，或在使用过程中擅自改动脚手架结构。

沿绳索、脚手杆攀爬脚手架、竖井架等。

高处作业无有效保护措施，倚坐在高空平台栏杆上或在高空无栏杆的构架上行走。

擅自拆除孔洞盖板、栏杆、隔离层或拆除上述设施不设明显标志工作完工后未及时恢复。

站在石棉瓦、油毡、苇箔等轻型、简易结构的屋面上施工。

梯子架设在不稳固的支持物上进行工作，站在梯子上工作无人监护和无人扶好梯子。

绳梯未挂在可靠的支持物上，使用前未认真检查。

在雷雨、暴雨、浓雾、六级及以上大风时进行室外高处作业。

冬季高处作业无防滑、防冻措施。

登高工作时不穿防滑鞋。

安全带使用前不检查，使用中不按规定佩戴。

安全带、安全绳未定期进行静拉力试验。

在不具备安全措施的架杆、架板上作业，在单板、浮板、探头板上作业。

在超过 2 m 标高无任何防护措施的情况下，冒险在单梁或平台边缘、孔洞边缘和吊挂物体上作业、休息。

使用不合格的梯子或不正确使用梯子，梯子与地面的倾角过大或过小，将梯子放在木箱等不稳固支持物上就登高工作，或人在梯子上工作时移动梯子。

将梯子靠在变压器等处瓷瓶上工作。

在梯子上使用电动工具，未做好防触电坠落安全措施。

在没有装设栏杆的平台和脚手架上工作，无防护措施。

搭设脚手架时，不按规定敷设立栏、斜（横）撑，脚手板绑扎不牢，不进行验收挂牌，不标注承载能力。

脚手架或施工吊架，未设置施工人员上下和行走的安全通道或爬梯。来回攀爬脚手架的，未加垂直拉索。

对开启的电缆孔洞、地沟盖板等不设安全标志或围栏。

在屋顶、杆塔、吊桥及其他危险边沿进行高处作业，临空作业的一面未设安全网或防护栏杆。

楼梯、平台、栏杆、盖板检修拆除后，未及时恢复。

在玻璃钢瓦、木板顶、油毛毡、石棉瓦等处工作，未采取防止踩空坠落的安全措施。

监护人不到场，工作人员擅自登高作业。

患有高血压、心脏病、癫痫病、贫血等不宜从事高处作业的人员进行登高作业。

高空作业，在行进和换位中未及时悬挂防坠落保护。

起重机械、施工电梯、上料提升架等机械的制动、限位、连锁及保护不齐全或失灵继续操作或未经检验挂牌就使用的。

高处作业不走楼梯、斜布道或梯子，而沿脚手架、绳索、栏杆、吊车臂或上料提升架的结构及墙体、支柱等上下攀登及单梁行走。

搭承载货吊笼，人或混装。

使用未经验收合格的脚手架，并在使用过程中擅自改造脚手架结构。

用设备栏杆和非承重管线做脚手架支承点。

3. 物体打击与机械伤害

进入现场不戴安全帽、戴不合格安全帽或安全帽佩戴不规范。

高处作业人员不用绳索传递工具、材料，随手上下抛掷物件，或高处作业的工器具无防坠落措施。

高处作业时，施工材料、工器具等放在临空面或孔洞附近。

使用不合格的吊装用具（机具、器具、索具）。

不执行起吊措施，设备超载运行或偏拉斜吊或吃力不均。

在起吊物的下方、正在施工的高层建筑物、构筑物下方通过或停留。

擅自跨越安全围栏或穿越安全警戒区。

不走通行道，跨越皮带或在皮带上站立。

跨越输煤机、卷扬机等运转设备的钢绳。

运输机械未停稳或挪动时，人员上、下传递物件。

运行中将转动设备的防护罩打开，或将手伸入遮栏内。

在机械的转动、传动部分保护罩上坐、立、行走，或用手触摸运转中机械的转动、传动、滑动部分及旋转中的工件。

启动运输机械或输煤皮带，没有进行联系，也没有启动警告铃。

用吊头、抓头或其他载货设备输送人员。

转动设备停运检修，未履行工作票手续和未采取防止误启动的措施；工作结束后未会同值班人员一起检查、确认工作人员撤离现场便启动设备；或检修人员自行进行试运行操作。

脚手架上堆物超过其承载能力；将设备长时间放在脚手架上。

起重工作没有统一明确的指挥信号或多人指挥。

非操作工操作起重设备（指专人操作的起重设备）。

没有使用或不正确使用劳动保护用品，如使用砂轮、车床不戴护目眼镜，使用钻床、打大锤时戴手套，焊接、切割时不戴防护面罩等。

未正确着装，在现场穿高跟鞋、凉鞋、短裤、背心、裙子等，女同志未将辫子或齐肩发盘在工作帽内。

对检修过程中使用的材料、物品等不进行收集，有落物伤人的可能。

在有落物风险的脚手架上工作，未设立安全网。

高处作业时上下抛掷工具或材料。

高处作业区域地面不设围栏。

上下交叉作业没有采取可靠的隔离防护措施。

从事机械加工时戴手套作业，戴手套或把抹布缠在手上清拭运转中机器。

机械加工时，在设备运转中不停车变速。

机械加工时，所加工件长度或直径超过规定值，仍然强行加工。

转动设备靠背轮等处缺少设防护罩，或防护罩未固定牢固就启动。

在输煤皮带上站立或跨越皮带。

在转动的输煤皮带架上清理积煤。

在危及人身和设备安全的管道、靠背轮、安全罩上行走或站立。

在裸露的齿轮、链条、皮带轴头等转动部分进行清扫或其他工作。

戴手套或用抹布对机械转动部分进行清扫或其他工作。

借助设备、栏杆、脚手架、瓷件和非承重管线等非起吊设施作为起吊重物的承力点起吊物件。

利用承压管道、栏杆等起吊重物。

用 8 号铁丝或不合格的钢丝绳、麻绳来起吊重物。

吊挂物件不加第二道保护绳索和立管支撑。

起重机械、施工电梯、上料提升架等机械的制动、限位、连锁及保护未定期检验，不能正常投入。

4. 防火防爆

现场动火不执行动火作业规定，未办理相应级别的动火工作票。

在易爆易燃区携带火种、吸烟、动用明火及穿带铁钉的鞋。

在氢、油区使用铁制工具又无防止产生火花的措施。

对有压力、带电、充油的容器及管道施焊，未采取清理与吹扫措施即进行施焊作业。

焊接切割工作前，未清理周围易燃物；工作结束后，未检查清理遗留物，消除遗留火种。

在易燃物品及重要设备上方进行焊接，未采取防火安全措施，下方未设监护人。

在密闭容器内同时进行电焊、气焊、气割工作，入口处无人监护。

锅炉水压试验时，无关人员在周围逗留，人员站在焊接堵头对面或法兰侧面。锅炉启动升压过程中，在承压部件上继续作业。

在热力系统设备上作业未消压或消压措施不当。

现场滤油无人看管或无防漏防火的可靠措施。

未严格按规定要求存放炸药、雷管，无专人保管，领退料手续不严格，易燃、易爆物品存放在普通仓库内。

消防器材不定期检查试验，消防器材挪作他用。

动火作业未采取相应的安全保护措施（无消防器材、未用防火布进行铺垫）。焊接场所下方未铺垫好，未做好防止火星飞溅和下落措施。

连接气瓶的胶管未进行绑扎，胶管未进行悬挂。

移动气瓶时在地面滚动或拖拉气瓶。

在未经清理和装有易燃品的容器上焊接。

生产现场、班组随意存放易燃易爆物品。

不按规定对进入制氢站的车辆、人员、火种办理登记手续。

进行磨煤机进口清理堵煤时，不压回粉管封气器，不停电源，不设监护人。

制粉系统不进行定期抽粉和执行粉仓降粉工作。

用氧气作为通风及吹扫气源。

对火险隐患未采取安全措施或措施不当引起火警。

擅自动用、损坏禁火标志、消防设施、消防器材。

在生产区域或禁烟区内吸烟。

在制氢站、发电机氢冷系统、油区及易燃易爆场所检修工作不使用防爆工具。

5. 工作票、动火票

无工作票、动火票（包括搭制脚手架）作业（事故抢修除外）。

已办理工作票、动火票，但开工后不带到作业现场。

工作负责人在工作票、动火票所列安全措施未全部实施前，允许工作人员作业。

工作票的工作内容与实际工作内容不相符。

工作组成员与工作票、动火票（包括作业安全风险控制卡）登记人员不符。

工作负责人不常在工作现场或长时间离开现场，不指定临时代理人；工作负责人更换未履行变更手续。

配合作业人员（起重、焊接等）名单未填写在工作票内，未填写工作联络单。

非工作负责人办理工作票。

填写工作票涂改超过规定字数，不按规定使用双重名称。

设备检修前，工作负责人和工作许可人没有同时到达现场检查安全措施和系统管理措施是否已正确地执行。

未履行审批手续，擅自扩大工作票规定的工作范围和内容。

工作票、动火票到期而工作未完成，未及时办理工作票、动火票延期手续。

工作结束后不及时办理工作票、动火票终结。

检修工作开始前，工作负责人不向工作班人员交代工作内容、安全措施及注意事项。

工作人员工作前不了解、不检查工作内容及安全措施。

在带电设备外壳上工作，不办理工作票。

检修工作结束后，工作负责人与工作许可人未检查现场就终结工作票。

工作班人员与工作票有关人员不符合要求。

擅自移动安全设施或变更工作票中的安全措施进行工作。

工作票中安全措施制定不完善，危险因素控制分析不全，考虑不周，工作票签发人、负责人、许可人把关不严，未到现场实际检查，未对突发性事件采取防范措施，就许可开工。

工作负责人安排明显存在较差工作状态的工作班成员从事重要作业。

一级动火票未通知相关人员到场监护就开始工作。

工作结束后，安全措施未恢复至开工前状况。

6. 运行作业及操作票

无操作票操作（不需要操作票的除外）。

填写操作票、工作票涂改超过规定字数，不按规定使用双重名称。

转动设备检修结束后，工作票未收回就送电试转。

未查明工作票是否收回和是否具备送电条件就给设备送电。

几个电气操作项目合写在一张操作票上，不分别填写。

操作前不认真查看操作票是否都审查签名而进行操作。

操作中不按操作票逐项操作、不及时按照规定要求记录。

同时持两份操作票，交叉操作。

操作时不唱票、不复诵或复诵不严肃，声音微弱，双方听不清。

操作监护人不到位，操作人擅自操作。

操作监护人不监护，与操作人一起操作，或脱离岗位从事其他活动。

操作前不核对操作位置，不核对设备名称、编号、不核对模拟图。

操作票未记录操作开始时间或结束时间。

送电前未到现场检查，操作时不使用必要的绝缘工具。

未经批准擅自变动表计及测点。

未经批准解除设备连锁、报警、保护装置。

运行值班人员对许可进行夜间抢修工作的有关事项，不进行详细记录。

岗位交接班制不严，不在岗位进行交接。

不按规定进行设备系统工况检查，或未到接班正点进行交接班，以及接班人未签字就交接班。

值班记录本记录马虎、不全、字迹不清。

巡回检查不准时、检查不到位或不按巡回检查路线检查。

设备不按规定时间做定期切换工作。

值班监盘不认真，表计参数变化发现不及时，抄表弄虚作假。

热力系统重大操作，监护不到位或降低监护级别。

超出力、超参数运行。

不具备启动条件的机组和设备强行启动。

发生必须紧急停机的情况时不及时果断停机。

擅自退出设备主保护或设备失去保护后继续运行。

7. 现场工作环境

未履行审批手续，随意在厂房平台打孔洞或开挖地面。

随意拆卸或移动安全防护设施及安全标志和警铃信号。

进入炉膛、气包、除氧器、油罐及其他储存化学药品、惰性气体的容器、地井，未按要求采取安全措施（通风、测氧或小动物试验等）。

进入容器、地井工作未设专职监护人，未进行人员、物品进出登记。

人员不在作业现场时，人孔门未做临时封堵。未在人孔门上设置信息牌。

临时打开的盖板，作业现场未落实相关安全措施（未设置警示与围栏等）。

有可能造成环境污染的作业项目，工作负责人未向作业组成员交代注意事项、要求，未采取防护措施。

现场存放物料未按要求采取安全措施。

工作现场不铺垫，造成污染。工具、工件摆放杂乱。

踩踏非承重及安全、消防相关管线和设备。

污水（含油、含化学品）、废油乱倒，引起环境污染或留下安全隐患。

作业区域未设置适当的围栏和警示标志。

在有落物风险的区域未设置安全网。

野蛮作业影响现场工作。故意损坏现场各种标识牌、警示牌、安全措施。

工作完成后未及时清理作业现场。

施工现场（包括高处作业）的材料堆放混乱，临时堆放物品和摆放设备，影响通道（电源通道、消防通道、人行通道等）。

危险作业场所未设置安全围栏和醒目安全标识牌；警示区域地点的安全标志牌与警示的危险点不对应的，标、牌破损或不整洁规范的。

现场装置的各种安全设施挪作他用。

检修中将栏杆、护板及设备防护罩拆除，工作结束后未及时恢复。

未经许可在楼道和建筑物上打孔或在厂区内开挖土方。

成品保护装置被擅自破坏，造成文明施工混乱。

使用未经验收合格的施工脚手架、施工通道、安全防护设施、安全装置。

夜间作业施工照明亮度不充足而影响施工和安全。

施工通道或其他有可能危及他人生命危险的区域，未设置警戒区域，警戒设施不完善，或有警戒区域无监护人。

8. 道路交通安全

机动车辆驾驶员无证驾驶。

机动车辆驾驶员超速驾驶、强行超车。

机动车辆驾驶员酒后开车、疲劳驾驶。

机动车辆驾驶员行车期间不系安全带、接打电话、接发短信、观看电视等妨碍行车安全行为。

非机动车辆驾驶员驾驶车辆。

闯红灯、故意躲避监控系统。

人货混载，超员、超载运输。

进入厂区的车辆不按厂区交通标志、标线指示及限速规定行驶。

非专用车辆运输易燃、易爆、有毒危险品。

9. 其他

不按规定使用劳动保护用品，

如进入现场不穿工作服、不穿防砸鞋，不戴安全帽或不系安全帽带；电气作业不穿绝缘鞋，不戴绝缘手套；装拆保险不戴防护眼镜；使用砂轮机时不戴防护眼镜；进入发电机内、锅炉汽包内、汽缸内、密闭容器内未穿专用工作服（连体服）等。

酒后上班和进入生产现场。

在禁止吸烟场所吸烟。

在生产现场睡觉。在工作场所打骂或嬉闹。

坐在安全帽上休息。

上班时间不坚守岗位，做与工作无关的事。

使用安全相关工器具，事前不做检查造成使用中发生危险情况。

使用仪器、仪表未经检验或无检验标识。

使用起重工具未经检验或无检验标识。

大型脚手架搭制或拆除时未建立作业隔离区，未设监护人。

大件起吊作业未设起吊作业区。

不执行起吊措施，设备超载运行或歪拉斜吊或吃力不均。

起重指挥人员作业时不穿反光背心、不使用口哨、指挥旗或对讲机。

工作前未对起重装置和设备标牌、吊带和钢丝绳鉴定标签、葫芦载重标记等进行检查。

起吊前，指挥人员未对钢丝绳、链扣等起吊工具的绑扎情况进行检查。

重大设备起吊前未召开工前会。无经审批的书面安全措施和技术措施。

起重指挥人员不了解与起吊相关的信息（被吊设备的尺寸、重量、形状、吊起后摆放的位置和姿态，钢丝绳和其他起重器具的承载能力等）。

误碰、误动在线系统和设备。

跨越安全遮栏。

工作任务不明确，不事先进行了解，盲目工作。

发生不安全情况不及时汇报，弄虚作假，隐瞒事件真相。

进入施工现场的施工车辆未办理通行证。

钢钉、拉铆钉及焊接作业的焊条头等细小材料随意乱扔，未回收到收集箱进行集中处理。

搭乘载货吊笼，人货混装。

起重指挥及司索人员、吊车司机、机械操作无证作业。

用安全带当传递绳或绑扎绳使用。

安全防护设施挪做他用（安全带加长绳、安全网附件、垂直拉索做传递绳）

脚手架未按规定搭设，作业层无双层防护栏杆及挡脚板，脚手板未按规定铺设或绑扎。

大型脚手架基础无排水措施。脚手架无剪刀撑。脚手架无扫地杆、无底座。

非架子工擅自拆除或搭设脚手架，或未经有关部门批准擅自割除脚手管。

基坑支护、降水工程、土方开挖工程边坡尺寸不符合规定要求，且没有防范措施。

未办理入场手续进入施工现场施工的。

二、管理类违章

已运行的设备没有制定有关检修、维护、运行规程和系统图、逻辑图、二次图。

没有按规定对现场规程、制度进行复查、修订、公布、印发。

没有制订反事故措施计划和安全技术劳动保护措施计划。制订的反措、安措计划不符合现场实际、不可操作。

制定的制度、规定、标准不符合实际，不具体，可操作性不强，起不到指导生产管理的作用。

对各类设备缺陷不及时组织消除。

设备变更或系统改变后，相应的规程、制度、资料没有及时进行修改和移交给检修和运行人员，导致生产人员仍按原来规定执行，出现不安全事件。

不按照规定，自行变更设计。

不能按规定组织开展季节性安全检查。

不能按规定组织开展安全性评价自查自评工作，查出的问题不制订整改措施计划，不组织消除。

未综合应用安全评价、危害辨识和风险评估等方法，对企业和工作现场的安全状况进行科学分析，找出薄弱环节和事故隐患，及时采取防范措施。

未按规定及时公布或调整工作票签发人、工作负责人、工作许可人的人员名单。

不按规定结合实际制定、完善设备检修、运行规程和管理制度，不能有效地组织落实各项制度。

制定的规程、制度、措施不符合现场实际，使用中导致事故的发生，或在事故处理时延误或扩大了事故。

上级下发的文件、规定及信息不能及时传达和布置，不能按时间和标准完成规定的工作任务。

不能对安全生产工作进行总结，找出薄弱环节，制定措施，改进工作。

允许检修人员使用未经验证的或不合格的备品备件。

无授权人员从事特殊作业。

设备、系统变更后相应的制度、措施、规程、操作票等资料没有做到及时更新。

在重大技改工作中，技术方案考虑不周，违反有关反事故措施规定，不能满足安全生产要求。

对违章不制止，不按照规定采取管理措施。

安全生产资金不落实。

使用临时劳务工未履行审批手续。

未建立健全并落实各级领导、各部门、各岗位的安全生产职责。

机组大小修或临检及日常维护中大型作业未及时编制和实施安全措施和技术措施。

对生产中发生的异常不及时汇报，弄虚作假，隐瞒事件真相。不坚持“四不放过”原则、不认真填写事故报告。

未按要求制订并实施安全技术培训计划。

允许临时劳务工未经安全教育考试就进入生产现场工作。

允许不符合要求的人员混岗、顶替岗位。

施工单位对因工程施工可能造成损害的毗邻建筑物、构筑物和地下管线等，没有采取专项防护措施。

工程中涉及深基坑、地下暗挖工程、高大模板工程的专项施工方案，施工单位没有组织专家进行论证、审查。

现场使用的特种机械设备和施工机具及配件，没有生产（制造）许可证、产品合格证。

单位负责人和安全监督人员未按照规定进行培训并取得安全生产资格证书。

允许、批准未经安全培训并考试合格的人员从事现场工作。

没有进行安全技术交底或重大项目没有组织安全技术措施的学习就组织从事现场工作。

未办理完工作许可手续，做完相应安全措施，就允许工作人员从事相应现场工作。

工作票上的安全措施与现场实际不符，或安全措施不完善，不能保证从事工作人员、设备的安全。

强令员工违章、冒险作业。

违反规程规定，越权指挥运行操作和事故处理。

允许或批准购置未经国家权威部门鉴定和检测合格的安全工器具。

设备故障或异常运行后，管理者不组织进行分析，就毫无根据地下达处理意见。

对各种违章现象不制止、不考核。

对设备、设计、安装存在的隐患不能及时指挥实施对应措施。

不能针对安全生产管理工作薄弱环节制定有关措施。

管理职责范围不清楚，凭兴趣插手职责范围以外的工作。

越权管理，代行下属人员的指挥权。

未按规定认真对施工队伍资质进行审查，致使资质不合格的施工单位进入现场施工。

工程开工前未按规定及时编制施工方案、专业施工组织设计、技术措施，未进行安全技术交底就组织施工。

引进资质不合格或未经资质评审的施工单位并安排施工。

未按规定督促、检查施工安全工作，对检查中出现的安全隐患未按规定要求安排整改。

拒绝、阻挠安全生产监督管理人员现场执法。

不能坚持安全第一，管生产时未同时管安全。

审批签发工作票不认真、不把关、走过场。

安全活动、安全教育、培训不认真或没有针对性。

在计划、布置、检查、总结、评比生产时，未同时计划、布置、检查、总结、评比安全工作。

对事故隐患的整改未落实，整改措施或整改不认真、不及时。

劳动组织不合理，分配员工工作，缺乏适当的程序，用人不当。

第六节　反违章措施

一、反作业性违章

1. 各级领导、管理人员要树立“爱护员工，保护员工”的理念，了解掌握作业性违章者的心理状态，教育员工正确认识作业性违章的危害性，提高员工遵章守纪的自觉性。

2. 按照“四不放过”要求分级建立反作业性违章档案，进行分级管理。

3. 加强安全教育培训，要通过正反两方面的安全教育，如通过举办安全讨论、安全讲座、安全演讲比赛、安全知识竞赛等进行正面教育，同时采用事故案例、违章者的说法进行形象生动的安全反面教育，提高职工的安全意识。

4. 经常发动群众，通过自下而上的检查、监督、考核等办法指出作业性违章的各种表现。

5. 掌握了解作业性违章者的心理状态，及时进行教育和监督。

6. 完善安全规章,做到有章可循。

7. 反作业性违章，应实行分层负责，逐级考核，一层保一层，一层考核一层，每一层都有人负责。

8. 工作负责人、联系人、监护人员、安全员负责对作业人员、操作人员违章的查禁和考核。

9. 班组长、班组技术员、安全员负责对班组人员违章的查禁和考核。

10. 部门主任、安全员对本部门人员的违章进行查禁和考核，每天应对生产、检修、现场进行监督检查，并对班组长进行考核。

11. 策划、安监部门领导和专业人员应经常深入现场，对作业性违章进行监督检查、考核。

12. 对作业性违章各级负责人员都要承担连带责任。

13. 定期对各类作业性违章现象进行曝光，定期对本单位常见的作业性违章现象进行分析，并采取有效的遏制措施。

14. 充分利用现有科学技术条件，利用多种形式，组织员工宣传作业性违章的危害。

15. 反作业性违章要充分发挥各级人员的作用，任何人发现作业性违章行为都有立即制止的权利和义务。对严重违章者有权停止其工作，并汇报有关领导和部门处理。

二、反指挥性违章

1. 查禁指挥性违章，人人有责。

2. 各级领导发现下级违章指挥应立即制止。

3. 任何人接到违章指挥的命令应拒绝执行，并报告或越级上报安监部。

4. 监察、人事、工会等部门要经常搜集群众对违章指挥的反映，并在反违章领导小组会上提出意见并监督处罚的执行情况。

三、反装置性违章

1. 根据装置性违章易发生的地点、环境等特征，由技术管理人员根据有关规范标准，制定出各种工作的安全措施和作业危害分析预控措施，以及安全技术劳动保护措施，使反装置性违章有章可循、有据可依，安全监督人员要严格按规范标准和技术安全措施进行监督、指导、检查、考核。

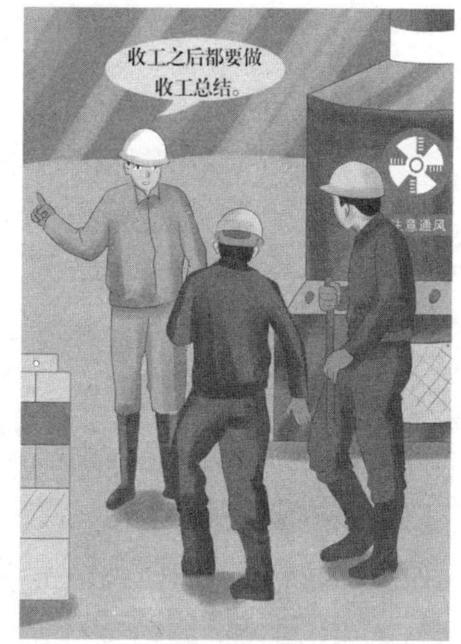

2. 反装置性违章要实行全过程管理，在设计、订货、施工、验收等阶段严格把关，杜绝新装置性违章的出现。

3. 保证国家、行业、公司及本单位颁发的技术规程、技术规范、安全规程、反事故技术措施在设计、施工及生产过程中贯彻执行。

4. 配合、监督各级施工、调试单位严格按设计图纸、技术规范、工艺规范进行施工调试；设计与现场实际或最新规程不符的要及时变更设计。

5. 安监部、策划部等对建设项目中防止人身事故、误操作事故、锅炉灭火放炮事故、火灾事故和重大设备损坏事故等措施的实施情况进行监督检查，并参加验收工作。

6. 查禁装置性违章是各级专业技术人员、设备主管人和安监人员的安全职责，是深入现场巡回检查的一项重要内容。

7. 专业技术人员、设备主管人主要检查设备的状态、安全劳动保护措施是否得到正确执行，包括安全防护设施、作业现场环境、施工工器具是否满足安全技术措施的要求。

8. 各级安监人员主要履行监督职责，检查有无相应的安全技术措施，检查有关专业技术人员、设备主管人是否履行了职责，检查现场安全措施、安全防护用品、安全工器具、作业场所环境等是否符合规程要求，检查装置性违章的整改情况。

9. 装置性违章的检查与消除

（1）装置性违章的检查与消除按本单位设备缺陷管理制度执行。

（2）对新增设备、设施，各级技术人员要严把质量关，杜绝新的装置性违章。

（3）巡回检查，定期不定期监督检查发现的装置性违章，都要以书面通知单的形式，通知设备主管人和有关部门人员。

（4）危急人身、设备安全的装置性违章，设备主管人、有关责任部门在接到整改通知单后，立即组织消除。

（5）策划应把装置性违章列入月度工作计划或大小修、临修计划中安排消除。一般性装置性违章由策划部在月度计划中安排消除。

（6）对需要花费较大财力、物力或需要变更设备布置才能消除的装置性违章，影响设备安全的由策划部列入年度反措计划予以消除，影响人身安全的由安监部列入年度安措计划。

（7）在特殊条件下，不能满足规程要求的装置性违章，因设备结构、布置难以消除的，应采取以下措施：策划部提出装置性违章确实无法整改的技术论证分析报告，分管生产的副职批准；针对存在的装置性违章制定相应的技术措施和管理措施，编入有关规程制度，将其列为危及人身、设备安全的“作业危害”。措施应上报公司生产部和安监部，同时还应抄送安监部备案。

（8）策划部应每月汇总反装置性违章检查活动开展情况，报安监部（反违章领导小组办公室），由安监部上报单位反违章领导小组。

四、反管理性违章

1. 查禁管理性违章，安全生产保障体系、安全监督体系、安全生产思想政治工作保障体系、安全生产民主监督体系人人有责，并各尽其职。

2. 查禁管理性违章，应建立以分管生产副职为首的生产技术管理体系，明确管理岗位和责任，并检查每个管理岗位工作质量。制定管理岗位的各种标准和管理制度，按标准要求安排管理工作，完善管理岗位的考核制度。

3. 制定管理岗位的工作标准和管理制度，按标准要求安排管理工作，完善管理岗位的考核制度。

4. 各级人员发现违章指挥时，必须立即制止。

5. 管理性违章现象被查处后，应及时责令相关人员进行整改消除。

6. 策划、安监部门在日常工作中要把检查拟定的安全技术措施和反装置性违章的措施列为一项重要内容。

7. 监察、人事、工会等部门要经常搜集群众对管理性违章的反映，并在反违章领导小组会上提出意见并监督处罚的执行情况。

第三章

杜绝习惯性违章

第一节　习惯性违章

一、习惯性违章的表现形式

1. 习惯性违章操作。即那些在操作中沿袭不良的传统习惯做法，违反安全规程规定的操作技术或操作程序的行为。

2. 习惯性违章作业。即违反安全规程，按照不良的传统习惯，随心所欲地进行生产或施工活动。

3. 习惯性违章指挥。即负责人在指挥作业过程中，违反安全规程的要求，按不良的传统习惯进行指挥的行为。

二、习惯性违章的基本特点

1. 顽固性：习惯性违章是由一定的心理定势支配的，并且是一种习惯性的动作方式，因而它具有顽固性、多发性的特点，往往不易纠正。

2. 潜在性：一些习惯性违章行为往往不是行为者有意所为，而是习惯成自然的结果，而对习惯性违章行为，由于人们看得多了，习以为常，所以根本没把它当回事，“身在险中不知险”，容易使人对违章现象丧失警惕性。

3. 传染性：据对现有一些职工存在的习惯性违章行为的分析，他们身上的一些“不良习惯行为方式”，不是他们自己“发明”的，而是从老职工身上“学来”的，看到老职工违章操作“既省力、又没出事”，自己也盲目地效仿，而且又用自己的习惯性行为方式去影响新的职工。以致这些不良的习惯性行为方式如不彻底根除，必然导致一脉相传，代代如此。

4. 排他性：有些习惯性违章的工人，对安全规程根本学不进去，不遵守，总以为自己的习惯性方式“最管用”，而安全规程是“可有可无的东西”。其结果必然严重地妨碍安全规程的贯彻执行。

三、习惯性违章的成因

1. 历史原因：有人把规章制度视为“条条框框”，甚至以为“执行不执行无所谓”，仍然坚持违反安全规程的不良习惯做法。

2. 社会原因：一些职工在特定的社会环境中养成的不良习惯，也是产生习惯性违章的一个因素。同时具体的习惯性违章的做法，也有一定的消极影响，如前所述，一些习惯性违章现象之所以在几代人身上反复出现，正是上行下效或师授徒仿的结果。

3. 心理原因：旧技能的干扰是形成习惯性违章的重要原因，新的生产工具和工作方式不断地更新。然而有些工人习惯了以前的做法，总觉得新做法不如以前的做法得心应手。因为这些老做法经过长期的劳作已操作自如，从信息输入、判断到输出的全过程已渗透入脑以达四肢，因而要掌握新的操作方法和工艺流程，就必须排除老做法和老流程的干扰，而在这新旧交替过程中，很容易使人离开新的轨道而步入旧辙，即导致习惯性违章行为。麻痹大意、侥幸心理、自以为是、求快图省事等是支配习惯性违章行为的思想因素。

第二节 反习惯性违章的必要性和长期性

一、反习惯性违章的必要性

调查报告显示，由习惯性违章直接或间接导致的人身伤亡事故占年度事故总数的70%～80%。这充分表明，习惯性违章存在的巨大隐患与危害是不容忽视的，反习惯性违章势在必行。

二、反习惯性违章的长期性

反习惯性违章不能只搞大突击、集中培训、集中教育，不能搞“季节性”，只能搞“全天候”。应该充分熟悉到，反习惯性违章是一项长期而艰巨的任务，不能搞短期行为。反习惯性违章决不可能一劳永逸，只有长期地防范，才能杜绝一犯再犯。

第三节 习惯性违章的纠正及预防

预防和纠正习惯性违章是一项长期而艰巨的任务，关键在于各级领导，重点在于基层班组，中心环节在于抓好安全教育，并要长期树立预防习惯性违章人人有责的意识，现从以下四个方面加以探讨：

1. 职工个人怎样预防习惯性违章

（1）要明确预防习惯性违章工作的目的意义，自觉破除模糊意识，端正态度；

（2）要重新学习本专业的安全规程；

（3）要力戒在自己身上出现习惯性违章；

（4）当别人制止自己的习惯性违章时应虚心接受；

（5）当发现习惯性违章行为时应勇于制止或劝阻，使其消灭在萌芽状态；

（6）要善于从正、反两方面的典型事例中予以借鉴，不断提高自己的防护能力。

2. 怎样抓习惯性违章的预防

（1）要提高思想认识，真正把反习惯性违章工作的重点放在抓预防上；

（2）要多做打基础的工作，进行超前预防；

（3）要善于抓苗头，见微知著，把习惯性违章消灭在萌芽状态；

（4）要举一反三，抓好整改工作；

（5）全面抓好落实工作，把预防工作做到每一个人身上，每一个作业环节上，贯穿于企业生产的全过程，特别是要做好重点人和薄弱环节的工作；

（6）探索规律，掌握预防的主动权。

3. 预防习惯性违章要抓好五个“结合”

（1）预防习惯性违章要与安全风险抵押相结合；

（2）预防习惯性违章要与安全标准化作业相结合；

（3）预防习惯性违章要与企业“创一流”工作相结合；

（4）预防习惯性违章要与安全检查相结合；

（5）预防习惯性违章要与安全竞赛相结合。

4. 对习惯性违章者的处罚原则及手段

对于习惯性违章者要坚持重罚的原则。一些企业习惯性违章现象屡禁不止的一个重要教训就是处罚不严，失之于宽。事实证明，只有从严惩处，罚得使人心痛并彻底醒悟，才有可能铲除习惯性违章。对于习惯性违章者的处罚手段大致有以下几种：

（1）让习惯性违章者抄写安全规程；

（2）让习惯性违章者做检讨，写出保证书；

（3）让习惯性违章者当义务安全员，纠正违章行为；

（4）举办培训班，让习惯性违章者学习安全生产方针政策、法律法规和规章制度；

（5）对严重的习惯性违章者采取下岗待业措施；

（6）利用宣传媒介对习惯性违章行为予以曝光。

习惯性违章有百害而无一利，必须引起企业各级领导的重视，动员全员力量，加强监督制约，最终形成“过街老鼠——人人喊打”的良好氛围，营造安全生产的大好局面。

第四节　防范习惯性违章的对策

如何实现杜绝习惯性违章现象？如何加强班组安全基础治理，确保生产性企业不发生职员责任的误操作事故？我们以为：杜绝违章行为的关键在于遵章守纪，而遵章守纪的关键是全体员工对遵章守纪的正确熟悉，只有科学的熟悉，才会有科学的态度，才能克服侥幸心理，才能自觉地约束自己遵章守纪。

遵章守纪是一种品质，这种品质的形成既有技术方面的作用，也有法治方面的作用；既有文化方面的作用，又有治理方面的作用；既需要个人的努力，又需要群体帮助；既需要干部对工人进行指导，又需要工人对干部进行监视。可见，贯彻遵章守纪不是一个简单的方法题目，而是一项涉及面很大的系统工程。建议采取以下综合治理措施，杜绝习惯性违章现象。

一、建立完善的安全治理制度

俗话说“没有规矩不成方圆”，完善的安全治理制度是遵章守纪系统工程中的“硬件”部分，企业必须建立起严明的、可操作性的安全作业规章及劳动安全纪律的实施组织体制。也就是说不仅要建立完善工人遵章守纪的治理制度，更重要的是建立完善治理干部遵章守纪的治理制度，确保各项规章制度能落在实处。

企业内部建立安全生产激励机制，建议按照职工生产责任的轻重，企业奖励向生产一线倾斜、向高风险工种倾斜，使其责、权、利实现统一，从而激发职工热爱生产岗位。与此同时应建立完善企业风险抵押制度，通过实行严格的赏罚，把“遵章守纪”的安全生产原则强化成工人和干部的行为准则和自觉行为。

二、完善企业的教育培训制度

教育培训制度应包括职工安全规章、纪律的内容教育及实施练习，以及遵章守纪的意识能力教育及在生产中实施培养。要求对新上岗的工人和干部要进行严格的安全生产知识培训和考试，达不到要求就不能上岗；已上岗的工人和干部出现违章违纪者，按照违章治理考核办法需下岗重新学习，考核合格后才能再上岗。

三、营造企业安全生产氛围

反习惯性违章需要企业营造一个良好的企业安全生产氛围，企业要充分运用多种宣传手段构筑起企业的安全第一价值观念和行为准则，强化全体员工对安全生产的熟悉，使每名工人和干部都能自觉地用安全第一的生产思想、安全第一的技术能力、安全第一的生产指挥原则、安全第一的协作精神规范自己的行为。

建立班组、车间以及企业内部的对作业现场违章违纪进行检查、评选、公布制度，设立违章违纪曝光栏，定期公布违章行为，在企业内部制造一种遵章守纪光荣，违章违纪可耻的环境，形成强有力的群众监视机制。

四、加强班组安全治理

企业组织中班组是企业活动的基础单元，现代产业生产及治理本身就是集体配合作业的过程，每一个人都是集体中的一员，作业的内容又是与大生产系统紧密相关的，是大系统中的一部分，每个人的成败，每一道工序的成败，都将干扰集体的作业安全，他的不安全行为暴露在集体眼前，自然会引起集体的反对和劝阻。这种反对和劝阻既是一种控制力，又是一种自觉性的推动力。为了充分发挥这种自发的班组监控气力，在生产中可以有组织地建立起明确的互控机制，以巩固这种互控效果。下面将通过调研收集到的，以为有借鉴意义的一些治理方法提出来供探讨。

1. 班组成员轮流安全值周方法

班组成员轮流值周是一种民主治理，调动集体成员责任感的方法，也是一种培育集体成员安全意识，实现班组安全文化建设的有效方法。

班组成员轮流值周，就是班组的所有成员，依次分别担任一周的班组安全员，在天天班组会上由轮值员进行几分钟的班组成员遵章守纪讲评与自查互查相结合的群查活动，在生产过程中发现班组成员违章违纪时，班组安全轮值员应立即提出纠正意见，情况严重的，造成事故险兆的，应按照“三不放过”的原则组织集体讨论，找出原因，定出措施，吸取教训，防微杜渐。

2. 班组设立安全监视岗方法

生产班组在现场施工作业时，由于作业面广，企业、车间以及班组的安全治理职员不可能每时每刻都在每一个生产现场，班组长也不可能每时每刻都能照顾到每一名工人。在班组设立安全监视岗，根据班组的实际情况以及工作范围，在班组工作成员中，挑选 3~4 名综合技术素质过硬的员工作为班组安全监视岗的成员，确保在班组的生产作业现场都有一名安全监视员，具体负责规范班组作业职员的作业行为。

3. 班长担任班组安全的第一责任人

班长既是班组生产安全治理员，又是班组安全作业监视员，作为班长要做到：使班组中每一个成员都了解本班组工作的性质及危险因素，本班组工作现场的危险性因素，每一个成员都把握事故的防范及事故中的减灾救援技术。与此同时，建立起小组中每个成员与班长遵章守纪联保制度，班长违章违纪全班联罚，班组中有一人违章违纪班长联罚。

4. 班组安全学习制度

定期举行班组安全学习是一项行之有效的方法，在班组安全学习会上，可以对本周班组发生的不安全行为，具体分析违章违纪的发生过程及发生的状况。或者有针对性地将别人的事故事例组织进行学习，前车之鉴，后事之师。从中汲取别人教训，警示自己。有的单位的班组安全学习，采用领导干部分片包干班组，不定期参加班组的安全学习的办法值得鉴戒学习推广。

五、加强车间安全治理

车间是企业生产中具有独立生产功能的系统，也是企业安全治理中具有独立功能的系统，工人及干部遵章守纪是车间安全功能的重要保障。因此，在车间治理工作中，对工人及干部遵章守纪是车间治理工作中的一项重要内容。如何加强车间安全治理工作，建议从以下三个方面进行考虑。

1. 建立车间违章违纪信息搜集制度及方法

车间建立起违章违纪信息搜集制度及方法，查处违章违纪是安全监察部分的“专利”，车间处于生产一线，对生产中的违章违纪接触最直接。违章违纪的信息搜集方法主要是充分发挥车间一级的专职安全治理职员的作用，采用天天巡查和重点巡查的方法进行检查。对于检查次数必须有明确规定及检查结果的记录备案供分析。

2. 建立违章违纪信息分析制度及方法

车间建立违章违纪信息分析制度的目的是找出本车间违章违纪的发生规律及原因，为制定本车间控制措施提供科学依据。收集的违章违纪信息是动态的，每日都有变化，对信息的分析判定是动态的、及时的。因此，这种分析应是各级生产及安全治理干部日常工作的一部分。违章违纪信息分析主要是宏观态势分析和微观结构。宏观态势分析在于分析违章违纪发生的特点及分布规律和原因，为制订遵章守纪的措施和计划提供科学依据。微观结构分析在于具体的分解每一个班组以及每一个工种（特别是违章违纪概率较高和造成事故险兆的班组及工种）发生违章违纪的原因结构。才能为有针对性地制定防范措施提供依据。

3. 建立消除违章违纪控制制度及方法

车间要针对作业过程中存在的不安全因素进行分析研究。一是要制定具体的改进措施方案；二是要制定对违章违纪适时控制制度。目的在于通过改进措施方案，消除可能产生职员违章违纪的客观原因，保证安全生产。

第五节　如何防范习惯性违章

一、狠抓“熟悉”教育

“熟悉”不到位，行动就不会到位。正确熟悉习惯性违章的危害和防范习惯性违章的重要意义是预防习惯违章的第一步，也是最重要的一步。由于再好的规章制度也必须要有思想熟悉，正确的人去执行，因此要狠抓“熟悉”教育。

二、狠抓“安全知识”教育

要利用企业报、简报、会议、宣传栏、班组会等多种形式做好安全知识的宣传工作，增加职工的安全知识，提高职工防范习惯性违章的能力。

三、制定相应的安全规章制度

要及时制定“反习惯性违章工作条例”“反习惯性违章赏罚办法”“反习惯性违章岗位实施细则”。把规章制度定到企业、定到班组，落实到每一个岗位上。做到岗岗有规可循，人人有章可遵。

四、反习惯性违章工作要长抓不懈

克服习惯性违章不可能一蹴而就，须长抓不懈。最有效的办法就是实行填报“岗位安全操纵不违章日志”，即只要是工作日，无论何岗何位的职工都必须填写当日的安全操纵记录，由班组及上级验收。采取每周一小结，每月一评选，每年有总结的办法，不让任何一个习惯性违章行为成为漏网之鱼。

五、奖励与惩罚并用

有了规矩就得按规矩办，否则规矩就是一纸空文，防范习惯性违章也就成了一句空话。对于那些一贯坚持按规程工作、一丝不苟遵守安全规定而长期无任何事故的班组、个人要重奖，以激励全体员工。而对那些违章的现象及责任班组和个人，要给予处罚，以警示旁人。

六、实行违章一票否决制

有的人之所以对习惯性违章满不在乎，除了由于没有深刻理解习惯性违章所潜伏的巨大危害之外，还与习惯性违章发生后没有受到严厉的惩罚有关。所以对习惯性违章行为不能只批评教育或象征性地扣一些工资，而要实行“一票否决制”，做到安全不过关，其他都免谈。

七、领导重视

领导就是榜样，榜样的气力是无穷的。领导重视能感召众人，只要领导以身作则，就会产生一股强大的反习惯性违章的凝聚力。

第六节　易发事故及其防范对策

一、触电伤害及防范措施

1. 低压电气设备上触电主要有以下几种情况

（1）缺乏基本的安全用电常识，触及低压电气设备带电部分造成触电；

（2）电气设备的金属外壳未可靠接地，在设备绝缘损坏漏电使外壳带电时，工作人员误触外壳将造成触电；

（3）使用携带式电动工具时，绝缘损坏、外壳带电造成触电。

2. 防止低压电气设备触电应采取以下主要措施

（1）对工作人员进行安全用电基本常识教育，不准靠近或接触任何电气设备的带电部分，不准用湿手触摸电灯开关以及其他电气设备；

（2）所有电气设备的金属外壳均应良好地接地（或接零），使用中不准将接地装置拆除或对其进行任何工作；

（3）低压电气设备电源应装设漏电保护器；

（4）选择使用携带型电动工具，其外壳应可靠接地，并应装设漏电保护器。

3. 触电急救

发生人员触电后，应尽快使触电者脱离电源，脱离电源的时间越早（触电时间越短），挽救率越高。脱离电源救护时要防止触电者摔跌而造成二次伤害。触电者脱离电源后，应按紧急救护法的有关规定，检查触电者。若发现已停止呼吸、停止心脏跳动，应立即进行心肺复苏救护，并不可中断救护，直至医生诊断确认触电者已经死亡为止。

二、机械伤害及防范措施

1. 机械伤害的主要类型

（1）在转动、移动机械设备附近作业或行走，由于作业不当或服装不整，人体或衣物被卷入机械造成伤害；

（2）违章在转动的机械上进行修理工作，被卷入机械造成伤害；

（3）在备用中的运输皮带或机械上坐立、行走，机械突然启动造成伤害；

（4）移动式机械安全防

护设施不完善，机械移动中人体外露时与固定部分碰撞、挤压造成伤害；

（5）转动、移动式机械停运检修工作前未采取可靠的防止突然启动措施，致使工作中机械突然启动造成伤害。

2. 防止机械伤害应采取以下主要措施

（1）严格要求工作人员穿工作服。工作服不应有可能被转动机械绞住的部分。工作时衣服和袖口必须扣好。工作现场禁止戴围巾和穿长衣服（包括大衣）。女工作人员禁止穿裙子。辫子或长发最好剪掉，否则必须盘在帽内。

（2）转动机械的外露部分必须装有防护罩或防护栅栏等设施，露出的轴端部分必须设有防护盖。

（3）机械转动中禁止取下靠背轮和齿轮上的防护设施，在机械完全停止转动前，不准进行修理工作；禁止在转动、移动机械设备上站立、越过、爬过及传递各种用具。

（4）移动式机械的操作室的门应有闭锁装置，窗户应有护栏，以防止移动中人体外露与固定部分碰撞挤压；起吊小车有人作业、检查时，应采取可靠的安全组织措施和技术措施，防止小车突然移动造成人员伤害。

（5）在转动机械上进行工作时，必须办理热力机械工作票，采取可靠的防止突然转动造成人员伤害的安全组织措施和技术措施，即切断电动机的电源开关，并拉开刀闸或取下保险器，在有关操作把手上挂“有人工作，禁止合闸”标示牌。断开电源的措施由热机运行班长根据热力机械工作票所列措施要求填写，停电联系单送电气运行班长组织操作后，在停电联系单上签名返回热机运行班长，作为停电措施已执行的依据。关断有关的水、油、烟、风管道阀门，防止上述介质返入机械造成突然转动。对上述阀门中的电动、气动等操作机构也应采取切断电源、气源的措施，并挂标示牌以防止误开气、误送电。防止转动机械突然转动的安全措施布置后，运行、检修均不得单方面改动。运行方面应有防止误启动设备的措施。工作负责人除监护工作班组成员安全作业外，还应注意检查现场安全措施是否正常。当发现可能引起突然转动的异常情况时，应立即撤出工作人员。

运行人员需要在转动机械上工作时，也应办理工作票，采取防止突然转动的安全组织措施和技术措施。

转动机械检修工作结束试运时，应将作业人员撤离现场，由运行人员拆除安全措施并填写送电联系单，由电气人员恢复送电，送电联系单返回后进行试运。试运无问题后即可办理工作票终结手续。若试运发现问题须进行作业处理时，仍应按工作票所列安全措施要求重新布置安全措施，并填写停电联系单送电气运行人员进行停电操作，停电联系单返回后，方可办理许可工作手续，进行工作。

（6）转动机械对轮未解开情况下，电气人员在电动机上作业时，除采取切断电动机电源措施外，电气运行人虽还应联系有关热机运行人员采取防止有关介质引起机械突然转动的措施，在得到已采取措施的书面依据后，方可办理许可工作手续。

（7）除当值运行值班人员在得到值班负责人的命令后可以启动转动机械外，禁止其他人员（包括非当值运行人员）擅自启动转动机械。

三、高处坠落、物体打击伤害及主要防范措施

凡在离地面 2 m 及以上地点进行的工作称为高处作业。人体从高处坠落或地面人员遭受高处落物打击将会造成严重伤害。

1. 造成高处坠落的原因主要有以下几种

（1）作业场所及人行通道的临空面未装防护栏杆，且作业人员未使用安全带，作业中平衡失控坠落；

（2）作业所搭设的脚手架不牢固、坍塌倾倒造成高处坠落；

（3）登高用具（如梯子等）不符合安全要求或使用不当造成坠落；

（4）热力机械设备的平台、步道、固定楼梯和栏杆，以及升降口、孔洞防护栏杆不全，或因工作需要临时拆动部分未及时恢复，造成坠落；

（5）吊篮、升降机、电梯等不符合安全要求或使用不当造成坠落；

（6）患有不适宜从事高处作业疾病的人员在高处作业中发病造成坠落等。

2. 防止高处坠落的主要措施

（1）热力机械设备的平台、步道、楼梯及其栏杆应经常处于完好状态，升降口、大小孔洞的防护栏杆应完好，工作需要临时拆动时，须采取临时防护措施，工作结束后应及时恢复。对楼板、地面的孔洞应全部盖好，对扩建部分的孔洞盖板应盖好，禁止通过楼板孔洞倾倒垃圾，以防止踩空坠下造成人身伤害。高处作业临空面应装设安全网或临时栏杆。

（2）高处作业所搭设的脚手架必须符合安全要求，经搭设脚手架的工作领导人检验合格并出具书面证明方可使用。检修工作负责人每日应检查所使用脚手架和架板、栏杆状况，如有缺陷，应立即整修，整修后方可使用。

（3）高处作业临空面不具备装设安全网或栏杆时，工作人员应使用安全带、缓冲安全带、速差防坠器等防护用具，以便在失去平衡或触电等情况下防止坠落；在没有脚手架或没有栏杆的脚手架上工作，高度超过时，也必须使用安全带等防护用具。

（4）使用梯子登高或在梯子上短时间作业前必须检查梯子，应坚固完整，梯脚应有防滑设施，梯与地面的斜角应在60° 左右。在梯上作业所站梯蹬距梯顶的高度应少于1 m。在光滑地面上使用梯子时还应采取可靠防滑措施。

（5）吊篮、升降机应符合安全要求，使用前应检查设施完好，并符合安全要求方可使用；载人、载货电梯应按有关规定定期检验合格，发现缺陷应及时处理，安全装置失灵时应立即停止使用。

（6）从事高处作业的人员必须身体健康。患有精神病、癫痫病及经医师鉴定患有高血压、心脏病等不宜从事高处作业的人员，不准参加高处作业。饮酒后或精神不振的人员禁止登高作业。

（7）高处作业人员应佩戴经鉴定合格的安全帽，且应正确佩戴牢靠，系紧帽带以防止万一人员坠落时安全帽滑脱而失去保护。

3. 落物打击及防范措施

（1）高处拆卸设备零部件失手掉落，高处放置的物件在作业时或受其他影响掉落地面，高处作业中违章传递工具、材料、部件等失手掉落，高处作业中违章向下抛掷物件等，都可能造成对地面人员的打击伤害。

（2）防止落物打击的主要措施有以下几点：

① 进入生产现场的一切人员均应正确佩戴经鉴定合格的安全帽，以防止落物击伤。

② 热力机械设备的平台、步道、升降口、大小孔洞以及脚手架栏杆下部内侧均应设置高的护板，以防止坠物伤人。

③ 高处作业应使用工具袋。较大的工具应用绳子拴在牢固的构件上。

④ 不准将工具、材料上下投掷，要用绳子系牢后往下或往上吊送，以免击伤地面人员或击毁脚手架。

⑤ 高处作业下方地面除有关工作人员外，不准其他人员通行或逗留。工作地点下方地面应设围栏或其他防护设施，以防止落物伤人。必要时应设专人看守，阻止其他人员进入工作区域。

⑥ 立体交叉作业时，上下层之间还应采取可靠的防护措施。

四、烧烫伤及主要防范措施

1. 烧烫伤的主要类型

（1）气水管道、设备检修时未进行消压、排放，拆开设备、管道时余压造成气水喷出，或与运行系统未可靠隔离，检修中突然窜入气水造成烫伤。

（2）炉外气水管道突然爆破，泄漏喷出的气、水造成烫伤。

（3）锅炉大量掉焦引起气水、红灰喷出，或除焦时焦块掉落造成烧烫伤。

（4）炉膛灭火爆燃或燃烧不稳定，看火孔喷出火焰造成烧伤。

（5）误踩入地面积存的红灰、自燃的煤粉、煤堆造成人员烧烫伤。

（6）制粉系统爆炸、防爆门动作后喷出的火焰造成烧伤。

（7）燃油、汽轮机油系统、充油电气设备故障等引起油类着火造成烧伤。

（8）使用汽油、酒精、煤油等易燃品不当起火造成烧伤等。

（9）热力设备保温不好，甚至没有保温引起人员烫伤。

2. 防止烧、烫伤的主要措施

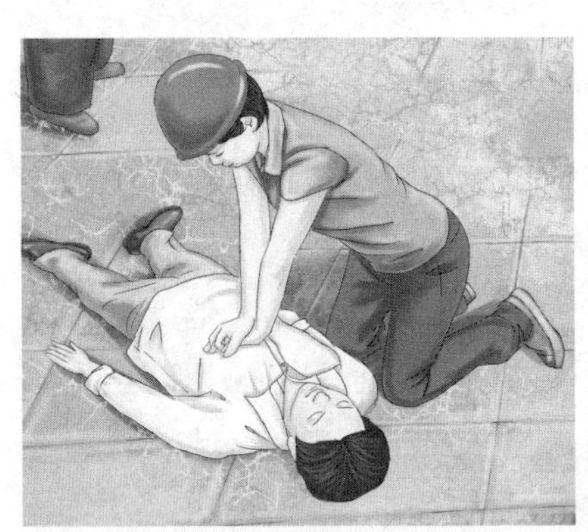

（1）气水管道、设备检修时，必须采取可靠措施与运行系统隔离，并进行排放消压。开始工作前应将作业范围管段疏水门打开，松开法兰螺栓时应先松开离身体远的一侧，再略松近一侧螺栓，使存留的汽水从对侧法兰缝隙排出，以防烫伤。

（2）加强炉外气水管道，特别是主蒸汽、再热蒸汽、主给水等大口径高温、高压管道（特别是三通、弯头等高应力部件），以及易冲刷磨损管段（如高加疏水管及弯头）的定期检验、检修工作，保持管道及支吊架经常处于正常状态，以防止运行中突然开裂、爆破造成严重的烫伤事故。

（3）锅炉灰渣应在渣箱内湿透后方可排出，禁止出红灰。冷灰斗积渣造成棚灰时，应及时清理疏通，以防止大量焦渣红灰下落造成汽水喷出伤人。出灰时工作人员应戴手套，穿防烫伤工作服和长筒靴，并将裤脚套在靴子外面，以防热灰进入靴内。运行中除焦时应注意防止火焰喷出造成烧伤。锅炉燃烧不稳定或有炉烟向外喷出时禁止打焦。在锅炉结焦严重或有大块焦渣掉落可能时，应停止打焦。除焦人员必须穿着防烫伤工作服、工作鞋，戴防烫伤手套和必要的安全用具。

停炉清理炉内结焦时，应先经看火孔等处向焦渣、热灰浇水，并在没有大块焦渣等掉落的情况下方可进入燃烧室进行除焦。一般应从上部开始清焦，逐步向下进行。不应先从下部开始，特殊情况不能先从上部开始时，必须做好安全措施并经有关领导批准。禁止进入冷灰斗内进行清焦工作。

锅炉运行中冷灰斗棚渣不能疏通时，应尽早停炉进行清理。禁止在不能出渣的情况下继续坚持运行，以防止冷灰斗积存大量焦渣，荷重达到稳定极限，造成失稳坍塌的严重后果。

（4）工作人员应尽可能避免靠近和长时间停留在可能受到烫伤的地方，如气、水、燃油管道的法兰盘、阀门，煤粉系统和锅炉、烟道的人孔及检查孔、防爆门、安全门，汽包、除氧器、热交换器的水位计等处，如工作需要在这些处所长时间停留时，应做好安全措施，以防止突然爆破、泄漏引起烫伤。设备异常运行可能危及人身安全时，应停止设备运行。在停止运行前除必需的运行维护人员外，其他清扫、油漆等作业人员以及参观人员不准接近该设备或在该设备附近逗留。

（5）应及时清理锅炉现场各处地面的积煤、积粉、积灰，加强热力设备保温，以防止积煤、积粉自燃或红灰造成人员烫伤。作业人员应穿防烫伤的工作鞋、靴。

（6）防止供油系统及易燃品起火造成人员烧伤。

五、起重伤害及防范措施

1. 起重设备的安全要求

（1）对于需经过安装、试车运行的起重设备，它的电力、照明、取暖等设备的接线，行驶轨道或路面、路基的状况及标志的设置等一切有关部分，以及门式抓煤机的平行器、缓冲器、夹轨器等，均应由有关的专门技术人员进行检查和试验，出具书面证明，证明设备全面安全可靠后，方可正式投入使用。

（2）各式起重机械每年应进行一次安全技术检查试验，经过检查试验并取得检验合格证后，方可继续使用，并在使用中按规定进行定期检查。对钢丝绳、纤维绳、吊钩、滑车、千斤顶和链式起重机等起重用工具、设备，除每年进行定期试验，按规定周期定期检查外，在每次使用前还应进行仔细的外观检查。

使用链式起重机前，还应先做无负荷的起落试验，检查其刹车及传动装置无问题后，方可使用。

2. 起重作业人员的安全要求

（1）起重机械只能由经过该种起重机械驾驶培训并考试合格的人员持证上岗驾驶，若需驾驶其他起重机械时，还应取得相应起重机械的驾驶合格证，方可驾驶。

对于链式起重机、电动葫芦、千斤顶等起重设备，也应经过培训、掌握安全使用方法并经考试合格的人员使用操作。

（2）起重、搬运较重物件和复杂的起重工作，应由经过培训并考试合格的起重特种工进行。起重特种工应掌握基本的数学运算、力学平衡知识，材料力学基本知识和起重搬运的技能。起重、搬运的指挥人应由具有较好的理论基础和工作经验多的起重特种工担任。

从事起重、搬运一般物件的人员也应掌握一定的起重理论基础知识和起重操作基本技能，或在专业起重工指导下进行。

3. 起重作业的主要安全措施

（1）进行起重、搬运较重的物件和进行复杂的起重工作前，必须由有经验的人员制定起重、搬运的技术方案和保证起重、搬运安全的组织措施和技术措施。工作开始前应向参与起重作业的全体人员交底，使作业人员掌握方案、措施的各项要求。

（2）起重、搬运工作只能由一人统一指挥，并使用规定的统一指挥、联系信号。

（3）起重设备专为起重部件或设备使用，禁止工作人员利用吊钩搭乘。起吊重物下面禁止有人行走、停留或在起吊物上进行工作。不准让起吊的重物长时间悬在空中。

（4）禁止与起重工作无关的人员在工作地点行走或停留。

（5）起重、搬运工作的安全措施要求较多、较细，各种作业都有相应的详细安全措施。

六、窒息、中毒及防范措施

1. 生产中可能发生的窒息、中毒伤害

（1）盛装有毒物质（如氯气、瓦斯、六氟化硫等）的容器、设备泄漏，逸出有毒气体造成人员中毒；

（2）地下沟道内的排放物在一定条件下发生化学反应产生有毒气体（如硫化氢等），使在沟道内作业人员中毒；

（3）塑料电缆着火后产生氯化氢等有毒气体造成人员中毒；

（4）在地下维护室、沟道和箱罐、容器内作业，由于通风不良，缺氧造成作业人员晕倒、窒息等。

2. 防止窒息、中毒的主要措施

（1）盛装有毒物质的容器应符合安全要求并经定期检验合格。存放地点应保持通风良好。

装设使用有毒气体设备的室内应备有足够的通风设施，六氟化硫电气设备室下部还应装有足够的通风设施。工作人员进入室内前，应先通风，并用检漏仪测量六氟化硫含量，合格后方可进入室内。

（2）在可能有瓦斯气体的地方进行检修工作时，作业人员必须戴防毒面具，并尽可能在上风侧工作。工作现场不得少于 2 人，其中 1 人担任监护工作。

（3）在瓦斯管道上或制粉系统内进行检修工作前，应将检修部分与运行部分可靠隔离，然后用压缩空气或蒸汽通入管道进行冲洗、排出残留气体，并用小动物或仪器试验，证明管道或容器内无瓦斯存在方可开始工作。

（4）在地下沟道内作业前，应用小动物或仪器检测试验，确认无有毒气体，方可开始工作。

（5）在地下维护室、地下沟道、箱罐、容器内工作时，应采取有效的空气通风措施，禁止向上述处所注入氧气。

（6）在可能发生有毒气体的地下维护室或沟道内进行工作的人员，在瓦斯管道内部或不易救护的地方工作的人员以及在箱罐、容器内工作的人员，必须戴防毒面具并使用安全带，安全带绳子的一端紧握在上面或外面监护人手中，以备万一出现异常时用绳子将人员救出。若监护人必须进入救护时，应戴防毒面具，系好安全带，并由其他人握紧安全带绳子在上面监护。

（7）进行上述工作的人员在工作中感到不适时，应立即离开工作地点，到空气流通的地方休息。

（8）进行上述工作的人员，事先应学习掌握中毒、窒息的紧急救护方法。

七、厂内车辆伤害及防范措施

（1）厂内生产用的车辆，如汽车、吊车、叉车、铲车、电瓶车、推煤机等均应有良好的车况，其安全装置应完好可靠。

（2）厂内车辆行驶和驾驶人员应有安全管理规定。厂内车辆应由经考试合格的人员根据行政领导的安排持证驾驶，严禁未经行政领导安排或无证人员擅自驾驶厂内车辆。

（3）对厂内车辆的装卸人员和其他辅助作业的乘车人员应有安全乘车、作业规定。

（4）对厂内车辆的驾驶人员、乘车人员应定期进行安全教育。

（5）禁止用各种气瓶内的介质向厂内车辆轮胎打气。

八、安全工器具和防护用品

（1）购置安全工器具和防护用品时，应选购经过国家、部级或省级主管部门技术鉴定合格的产品，严防购入假冒伪劣产品导致使用中由于工器具、防护用品质量不良造成人身事故。

（2）安全工器具、防护用品在使用中应按规定进行定期的电气绝缘和机械强度试验。禁止使用超期未试验的工器具、防护用品。

（3）使用安全工器具、防护用品前应仔细进行外观检查，无问题后方可使用。

第七节　七条措施反习惯性违章

一、加强案例分析教育

充分利用本企业和其他企业血和泪的教训，编制企业事故分析案例，通过事故安全分析、习惯性违章者的现身说法，进行“回顾”“反思”。建立事故会展室，使员工认清习惯性违章的危害，增强安全意识和自我防护能力。同时，组织员工学习安全操纵规程，分析习惯性违章，并制定防范措施，从而避免事故的发生。

二、加强正面的常规安全思想教育

开展“安全日”教育；班前班后会教育；举办安全讲座、安全演讲、安全智力竞赛活动。

在生产班组开展“两先”“两查”活动。“两先”即先学习国家有关安全生产的法律、法规；先学习好安全操纵规程，把握其操纵要领并需考试合格后才能持证上岗操纵。“两查”即每次作业结束后，由班长或安全员对现场做全面检查，具备了收工条件后，职员才能撤离现场，办理完工作手续；天天工作结束后，再晚再忙都要由班长或安全员组织召开检查总结会。

教育一线员工真正做到“三个三”，即“三个明确”：一是明确工作任务，二是明确操纵方法，三是明确安全和质量要求；“三保证”：一是保证服从指挥，二是保证百分之百执行规程，三是保证保质保量完成工作任务；终极实现“三不伤害”。

三、不断完善安全规章制度，做到有章可循，违章必究

特别要针对企业的具体情况，制定习惯性违章的具体措施和处罚制度，并对习惯性违章，做到真抓严办。对屡教不改者，不能将就，必须严厉处理，或停职反省，或下岗待业，对造成严重后果的要解除劳动合同，直至追究法律责任。

四、开展标准化作业，抵制习惯性违章

组织人力制定各项作业和操纵规范和标准来规范员工的作业行为，使其正确操纵、严守标准，养成良好的操纵习惯，逐渐克服和纠正那些不良的行为习惯。

五、党政工团齐抓共管

企业党政工团要齐抓共管，横扫习惯性违章，对习惯性违章形成一个“上下左右共诛之，干部群众共讨之，父母兄弟、老婆孩子

共骂之”的局面。如建立党员责任区，开展党员身边无违章活动，开展习惯性违章员工家访活动和亲情活动，家庭无违章活动，共青团建“青年安全监视岗”进入现场查处习惯性违章活动。

六、开展“质量安全公示制”活动

“质量安全公示制”是指将员工、班组和车间天天的产量、质量、安全、劳动纪律等工作质量于次日在黑板上进行张榜公布，并与奖金、工资挂钩的制度。将每个员工、班组和车间的工作情况置于全体员工的公然监视下。发动全体员工都来积极参与、监视企业、车间、班组及个人的工作，将安全工作变秘密型为公然型、被动型为主动型、事故处理型为事故预防型，从而调动员工的工作热情，形成你追我赶、精益求精，人人争先、争做安全标兵的良好局面。

七、发现违章，严厉处理

各级领导从严要求，坚持不懈地认真纠正每一次违章，是防止偶发性违章发展成习惯性违章的关键，也是治理习惯性违章的关键。

因此，各级领导及专业治理职员首先自己要认真学习、熟悉、把握、精通有关规章制度。进入作业现场时一要严守规程制度，不违章指挥，做遵章守纪的模范；二是发现违纪行为，哪怕是稍微的违章也要果断给予纠正，讲清利害关系。通过深进、细致地重办习惯性违章，逐步消除产生和蔓延习惯性违章的土壤，实现“三不伤害”，确保生产的安全。

第四章

从意识到行动杜绝“三违”

第一节　安全意识培育和素质建设

员工安全意识淡薄和安全素质不高是实现安全生产最大的隐患。培育安全意识，提高员工素质，在安全文化建设中尤为重要。安全意识培育和素质建设，就是把企业安全精神文化，包括安全价值观、安全理念、安全规章制度转化为职工自觉行为的过程。坚持“以人为本，遵循尊重人、理解人、关心人、爱护人”的原则，运用宣传教育、培训这两个手段，围绕企业安全生产，通过开展丰富多彩、形式多样的宣传教育活动，不断增强全体员工的安全生产意识，营造安全生产良好氛围，通过不间断地学习和培训，提高员工的安全生产技能，把企业安全管理提升到文化管理的层面，建立安全管理长效机制，为企业安全生产提供强有力的精神动力、思想保证和智力支持。

一、工作原则

围绕企业安全生产这一主题，找准切入点，把握着力点，广泛深入地、创造性地开展一系列旨在增强员工安全意识、提高技能素质的工作和活动，是企业安全宣传教育和培训工作的主要内容。根据意识培育和素质建设的本质特点，应遵循以下原则：

人文关怀的原则。关怀呵护是现代社会人际关系最基本的要求，也是人类社会文明进步的体现。正确把握人的本性特征，遵循安全管理的基本规律，实行安全管理人性化、人情化，在工作中注重情理结合，触动心灵深处，贵在亲和。

防患于未然的原则。从理论上讲，任何事故都是可以预防的。

掌握安全生产的主动权，最高境界就是预防，而提高员工安全意识，增强员工安全素质，就是最有效的预防。要把着力点和立足点放在超前宣传教育上，把思想和素质的保证值提高到最大。

齐抓共管的原则。安全意识培育和素质建设是一项系统工程，需要企业方方面面共同发挥作用，才能收到好的效果。因此，企业党政工团各组织、各部门要各负其责，发挥优势，全面参与，通力合作，形成合力，把提高员工安全意识和素质作为主要工作来抓。

管教结合的原则。管理和教育是两个不同的工作手段。前者的工作对象侧重于事，后者侧重于人。而意识教育和素质建设关键是人。因此，要坚持管理与教育相结合，克服以罚代管、以罚代教的不良现象，两手抓，两手都要硬。

与时俱进的原则。企业安全文化建设随着社会和企业的发展而发展，安全意识教育和素质建设也要随着形势的变化而变化。要在继承优良传统的基础上，总结、提炼特色工作和成功经验，创新工作方法，实现共性和个性、内容和形式的完善结合。

二、工作体系

把企业安全文化贯穿于安全管理的全方位，渗透到员工生产和生活的全过程，必须形成党组织管教、行政管长、工会管网、共青团管岗，齐抓共管、全面参与的工作格局。健全完善舆论引导教育体系、党员示范教育体系、现场适时教育体系、业余帮教教育体系、学习培训教育体系、警示提示教育体系。大力弘扬企业安全文化，培养和造就一批安全意识高、安全素质好，懂安全、会安全的员工队伍。

1. 舆论引导教育体系

广播、电视、报刊等媒体是安全宣传教育的重要阵地，它覆盖面广，辐射力强，影响力大，形象生动，便于接受。因此，要充分发挥宣传媒体主渠道的作用，构建安全文化舆论引导教育体系，积极营造有利于企业安全生产的舆论氛围。

2. 现场适时教育体系

现场适时教育要深入现场，把握时间，贴近实际，因地制宜，因材施教。构建全方位、全时空、全过程的现场适时教育，就是根据各阶段安全生产的形势和要求，以活动为载体，通过开展一系列员工喜闻乐见、寓教于乐的安全文化活动，让员工在潜移默化中受到熏陶和教育，使安全价值观和核心观念入脑入耳，深入人心。

3. 业余帮教教育体系

安全宣传教育，在企业安全工作中尽管起着十分重要的作用，但由于种种原因，员工“三违”现象或多或少时有发生。因此，要做好“三违”员工的思想帮教工作，减少和杜绝“三违”现象的发生，必须建立一套党政工团妇全面参与的业余帮教体系，在8小时以外把帮教工作落到实处。

4. 学习培训教育体系

建立学习型企业、培养学习型员工是现代企业的发展方向，也是知名企业的成功做法。要做到以上几点就必须建立一套以公司、矿（厂）脱产培训、轮训为主，以基层业余培训为辅，适合企业安全生产实际，具有可行性和可操作性的员工学习培训教育体系。通过发挥考核和激励机制的作用，充分调动员工学习的积极性和主动性，为企业安全生产提供高素质的人才支持。

三、意识教育

安全意识培育就是通过强有力的安全宣传教育，培育全体员工的安全生产价值观和行为理念，以规范的思想指导行为，以正确的行为保证安全。伴随着企业用工制度的改革，企业员工结构较为复杂，素质参差不齐，特别是占80%的农民工安全生产意识淡薄。在较短的时间内，迅速提高他们的安全意识，是企业安全文化建设必须解决的一个关键问题。遵循安全意识培育和素质建设的工作原则，结合构建工作体系要求，提炼以往工作经验，归纳总结为以下四大工作模式。

1. 媒体宣传模式

运用广播、电视、报刊等媒体手段，开展多种形式的教育活动，把握正确的舆论引导方向，营造浓郁的安全舆论氛围，培养员工对安全格外关注的人格倾向，以正确的安全舆论引导人。

2. 群众监督模式

紧密结合作业现场安全生产实际，发动和组织员工行使五项权力，人人关心安全生产，个个参与现场管理，开展全面全过程的群众性自我教育和监督检查活动，形成安全生产的群防群治格局，变“要我安全”为“我要安全”，人人争做安全生产的有心人和放心人。

3. 队组自教模式

队组自教的根本目的就是实现上下互动，培养学习型组织，培育团队精神，最大限度地调动队组搞好安全管理和安全教育的积极性和主动性。

4. 家属协管模式

安全宣传教育是一项系统工程。必须动员方方面面的力量，广泛参与、协调。要动员、组织员工家属关注企业、关注安全、关爱亲人，把企业安全文化的理念渗透到员工的家庭生活中。从做好身边亲人的宣传服务入手，把亲情、友情、邻里情融入宣传教育中，使工作更具人情味，把安全教育从单位延伸到家庭，从8小时以内延伸到8小时以外，不断拓宽安全宣传教育渠道，筑起安全第二道防线。

四、安全素质建设

当代企业不仅是一个生产经营型组织，更是一个锻炼人、培养人的大学校。所谓建立学习型企业，培养学习型员工，就是让员工在企业这所大学校中，学习一切可以学习的人，学习一切可以学习的事，学习一切可以学习的知识，不断提高自身素质，为企业安全生产服务。市场竞争、产品竞争、质量竞争、技术竞争，归根结底是人才的竞争，人的因素决定一切。企业要想求得高素质的人才，途径无非有两条，一是广泛吸收容纳那些企业所需，人才所具，高素质的人才；二是通过企业内部培训教育，提高现在员工的业务技术素质。而后者更具现实性，更有针对性，更符合企业与员工两者的根本利益。围绕安全生产这一中心，加强和规范员工职业安全技术技能的培训教育，全面提高员工安全技术素质，是企业安全文化建设的重要内容。企业各级管理者和职教部门，应下大功夫着力抓好此项工作。

安全行为规范是在安全价值理念指导下，对人们在生产过程中的安全行为准则、思维方式、行为模式表现的要求。通俗地讲，就是让企业员工在安全生产中知道应该怎么做，不应该怎么做。安全行为规范建设的目的就是进行人本管理，把员工从自然人中解放出来，成为企业的主人，让安全质量标准化、安全管理明细化的理念渗透到员工的头脑中，从表面接触递进为理性理解，由理性理解升华为责任意识和行为规范，并转变为自觉行动。

第二节　人不安全行为控制

一、人的不安全行为影响因素

人的生理、心理、社会和精神等方面具有较大的不稳定性，一个人的行为总是受到多方面的影响，所以当一个人的行为受到这些因素的干扰时，就容易产生失误。影响人误的因素很多，下面从自身、外部两个方面分别介绍人因失误的影响因素。

1. 自身方面的影响因素

自身方面（即个体角度）来讲，个体因素可以从认知、生理、心理和素质四个方面来分析，其中，心理因素对人的行为影响最为严重，因此着重分析心理因素。

（1）认知功能

人脑接受外界输入的信息，经过头脑的加工处理，转换成内在的心理活动，再进而支配人的行为，这个过程就是信息加工的过程，也就是认知过程。

（2）生理因素

人作为一种现实的机体不可能随心所欲，完美无缺。一些人误是由人的生理上的限制造成的，如体力界限、反应速度界限、生物节律界限等。

（3）心理因素

心理因素包括以下几方面：

① 习惯心理：正确的习惯性动作对于常规性正常工况下的作业是有效的。但在异常工况下，就可能受习惯性心理的作用，而忽视了在异常工况下才出现的特殊信息而造成失误；

② 麻痹心理：当一个人心理处于麻痹状态时，对客观外界新信息的感知力下降，会因反应迟钝造成失误；

③ 侥幸心理：存在种种侥幸心理的人认为那个可怕的“万一”与自己无缘，凭自己或他人的经验而无视章程，把偶然的侥幸推广为必然的稳定，导致本来可以避免的事故发生；

④ 自负心理：过度相信自己的能力和经验，而忽视了环境的变化，这是那些技艺高超的人容易陷入的心理状态；

⑤ 紧张心理：当发生某些突发事件或非常规事件时，这些突然而又强烈的刺激会引起严重的心理紧张，一般还会伴有作业量的突然增加，作业时间紧迫，因而使大脑歪曲感知信息而陷入混乱，能力下降，造成事故或扩大事故；

⑥ 求快心理：有这种心理的人具有一种任务感，竭力尽快完成某个目标或完成某个指标任务而不够冷静，不能全面感知、评价整个系统的即时状态而酿成事故；

⑦ 厌倦心理：除身体疲劳、人体生物节律等可使人感到厌倦外，紧张又单调的作业也十分容易使人感到厌倦，表现出对作业的无兴趣、心不在焉，因此造成失误；

⑧ 逆反心理：这种心理一般会由不满情绪郁结而成。表现为人的言行与主观愿望相反，当这种心理发展到某一程度时，会造成严重的不安全行为。

（4）素质因素

个体的素质水平直接影响着工作的质量以及系统的安全，素质因素包括个体的年龄、责任心、个性、知识、技能、经验等。良好的素质可以高效、稳定、安全地完成系统所期望的目标。

2. 外部影响因素

不良的外部环境、工作指令缺陷及工作任务自身特点等方面的原因导致员工处理信息能力下降，从而产生失误。其具体可分为以下几点：

（1）人机工程因素

人机工程因素是影响人安全生产的重要因素，主要包括以下几个方面：

① 人机适应性；

② 生物适应性；

③ 环境适应性。

（2）组织角度的影响因素

从组织层次的角度来讲，引起事故的组织因素可以从组织文化，教育与培训，组织结构，计划与程序等方面来分析。

① 组织文化；

② 教育与培训；

③ 组织结构；

④ 决策因素。

（3）社会因素

① 社会知觉对人的行为影响；

② 价值观对人的行为影响；

③ 角色对人的行为影响；

④ 社会舆论对行为的影响；

⑤ 群体对个体行为的影响。

二、有效控制人不安全行为对策

事故的发生大多数是由于人误而导致的，而引发人误的因素是多方面的，防治对策是长期以来安全工作的重点和难点，强化人的本质安全性，提高企业安全管理水平可从以下几方面着手努力：

1. 强化安全教育与培训，提升安全文化与安全生产技能

只有通过安全教育与训练，才能使操作人员自觉遵守安全法规，养成严谨的工作作风，提高判断、预测和处理能力，提高了安全技能，有效减少人因事件。安全教育主要应从以下几个方面做起：

（1）端正安全态度：企业应形成生产思想教育、法规、法纪教育、安全技术和劳动技能教育为主的岗前、在岗教育，积极提高与端正作业者安全意识；牢固树立“安全第一”的思想，形成良好的安全风气；

（2）对在岗人员（特别是重要安全相关人员）建立并推行系统化的岗前、在岗培训制度，保证在岗工作人员具有岗位所需的工作技能，杜绝因工作能力因素造成的人因事件，同时提高排除事故隐患，减小事故后果的能力；

（3）培养安全习惯：通过系统化的培训和严格的安全管理，全面形成规范操作、标准化作业、安全操作程序等安全生产习惯，有效预防违章；

（4）自主安全管理：建立良好的职业健康体系，保证在岗工作人员的生理健康情况、心理状况保持在良好状态，提倡自我控制和自我防护，从而有效预防人因失误；

（5）加强模拟演练提升安全教育：安全教育的另一个重要环节就是演练，要通过模拟的场面演练正确处置的方法和措施，巩固安全教育的成果。一个人遇到危机的时候，如果处置不当就可能失去了第二次机会。因此，必须通过演练掌握正确处置的方法，确保自身的安全。

2. 强化安全管理，推行制度化的人因分析与经验反馈体系

通过安全管理措施，建立多重安全管理屏障，能有效地减少人因失误的可能性。对于那些一旦发生失误可能导致严重后果的操作，安全管理措施尤为重要。

（1）健全、实施作业审批制度：履行作业审批制度，可保证作业者的资格、技术水平等个人因素符合作业条件；并使作业在有充分准备和足够的安全措施的情况下进行。

（2）通过行之有效的人因事件分析与经验反馈，改变凭经验和直觉处理安全问题的做法，利用科学的安全管理方法和技术，变被动的“事故处理”为主动的“事故预测”，采取积极的防御策略，消除屏障缺陷，在探究事件根本原因的基础上消除事故源头。

（3）合理安排组织生产，改善工作条件与环境，提高员工工作满意度与工作中的职业健康状况，防止产生疲劳，注意力不集中等，保证工作人员在岗期间有良好的生理、心理状况以胜任工作任务需要。

（4）技术措施：防止人因失误的技术措施，主要包括工作前对可能存在的异常进行风险分析，对有明显风险的因素进行隔离和屏蔽，对危险工作采取个人保护和应急计划，在危险工作现场进行必要的视觉和听觉警示等。通过分析、制定和落实相关的技术措施，就能够极大地减少发生人因事件的种种“诱因”，从而有效地预防事件的发生。

3. 建立良好的安全生产环境

良好的安全生产环境主要包括岗前、岗中、岗后的培训、学习和生产环境等。具体措施如下：

（1）实施上岗前的培训和在实际操作中由操作能手进行“传、帮、带”，确保上岗者具备必需的安全技能。并对职工不断进行安全技能培训和考核，使广大职工的生产技能在原有基础上不断提高。

（2）为职工提供一个设施安全、场地畅通整洁的工作环境。

带病运转的设备及时检修，使职工的工作环境有舒适感和安全感。

（3）在施工作业场所布置安全标语和安全作业要点提示，在危险部位和事故多发区域悬挂醒目的安全警示牌。现场管理要把安全工作落实到八个字上，即“时时、事事、处处、人人”。使整个人—机—环境系统形成一种安全的氛围，良好的安全生产大环境。

4. 加强企业安全文化建设

企业文化是存在于企业内部安全管理中一套核心的假设、理念与隐含的规则，它是一种无形而又理所当然的东西。不管是管理人员，还是普通员工，只要违反了它，就会受到大家的指责与严厉的惩罚。安全文化的实质是企业安全管理中用以规范员工安全行为，使员工高度重视安全的手段。其具体措施主要有：

（1）建立健全的安全管理机构：除了国家政府的安全监督外，还设有独立的内部安全监督机构；

（2）制定企业内部安全政策、目标、安全规章制度和质保管理程序；

（3）管理者严于律己，以身作则：在各种场合，管理层都会强调安全第一，提倡风险分析，危险源排查，保守决策；

（4）对员工安全知识、安全行为高标准、严要求，不断加强培训，提高员工的技术技能和安全文化意识；

（5）充分开展经验反馈工作：将企业具体生产作业过程中产生的设备故障和人因失误进行标准划分，然后对故障或失误进行根本原因分析，采取有效地纠正行动进行改进，并防止类似的问题发生；

（6）建立安全文化自我评估体系，不断自我完善，持续改进；

（7）通过广泛的安全文化宣传，创造并维持良好的舆论氛围，形成一种无形的约束力量。

5. 合理利用激励机制

安全激励有很多方法，大致可通过以下几种实现：

（1）经济物质激励。

（2）刑律激励。刑律激励是综合精神与肉体激励的一种，是一种负强化激励法，既有惩戒本人，以防下次再犯的作用，也有杀一儆百的示范性反激励作用。

（3）精神心理激励。从道德观念、宗教信仰、政治理想、情感、荣誉心等方面进行激励，包括安全竞赛、模拟操作、安全活动、口号刺激，甚至游行示威、宗教信条等很多方面都可取得这种激励作用。

（4）环境激励。从另一方面说这是一种从众行为的作用和群体行为的影响。所谓“近朱者赤、近墨者黑”就是这个道理。

（5）自我激励。可以通过提高修养、自我激励达到自我完善的境界。

6. 创造融洽和谐的人际关系环境

（1）运用人体生物节律原理，预测分析人的智力、体力、情绪变化周期，控制临界期和低潮期，调节心理状态，掌握安全生产的主动权。

（2）经常和职工交流思想，了解掌握其思想动态，教育职工热爱本职工作，进而随时掌握职工心理因素的变化状况，排除不良的外界刺激。

（3）切实关心职工生活，解决职工的后顾之忧，使操作者注意力集中，一心一意做好本职工作，保证安全生产。合理安排工作，注意劳逸结合，避免长时间加班加点超时疲劳工作。

第三节　杜绝物的不安全状态

人机系统把生产过程中，发挥一定作用的机械、物料、生产对象以及其他生产要素统称为物。物都具有不同形式、性质的能量，有出现能量意外释放，引发事故的可能性。由于物的能量可能释放引起事故的状态，称为物的不安全状态。这是从能量与人的伤害间的联系所给予的定义。如果从发生事故的角度，也可把物的不安全状态看作，曾引起或可能引起事故的物的状态。

在生产过程中，物的不安全状态极易出现。所有的物的不安全状态，都与人的不安全行为或人的操作、管理失误有关。往往在物的不安全状态背后，隐藏着人的不安全行为或人失误。物的不安全状态既反映了物的自身特性，又反映了人的素质和人的决策水平。

物的不安全状态的运动轨迹，一旦与人的不安全行为的运动轨迹交叉，就是发生事故的时间与空间。所以，物的不安全状态是发生事故的直接原因。因此，正确判断物的具体不安全状态，控制其发展，对预防、消除事故有直接的现实意义。

针对生产中物的不安全状

态的形成与发展，在进行施工设计、工艺安排、施工组织与具体操作时，采取有效的控制措施，把物的不安全状态消除在生产活动进行之前，或引发为事故之前，是安全管理的重要任务之一。

消除生产活动中物的不安全状态，是生产活动所必需的，又是“预防为主”方针落实的需要，同时，也体现了生产组织者的素质状况和工作才能。

一、能量意外释放与控制方法

生产活动中一时也未间断过能量的利用，在利用中，人们给以能量种种约束与限制，使之按人的意志进行流动与转换，正常发挥能量用以做功。一旦能量失去人的控制，便会立即超越约束与限制，自行开辟新的流动渠道，出现能量的突然释放。于是，发生事故的可能性就随着能量突然释放而变得完全可能。

突然释放的能量，如果达到人体又超过人体的承受能力，就会酿成伤害事故。从这个观点去看，事故是不正常或不希望的能量意外释放的最终结果。

一切机械能、电能、热能、化学能、声能、光能、生物能、辐射能等，都能引发伤害事故。能量超过人的机体组织的抵抗能力，造成人体的各种伤害。人与环境的正常能量交换受到干扰，造成窒息或淹溺。能量媒介或载体与人体接触，将会把能量传递给人体造成伤害。

能量的类别不同，在突然释放时，所造成的人体伤害差别很大，造成事故的类别也是完全不同的。

人与能量接触而受到刺激，能否造成伤害和伤害程度，完全取决于作用能量的大小。能量与人接触的时间长短，接触频率高低，集中程度，接触人体部位等，也会影响对人的伤害严重程度。

人丧失了对能量的有效约束与控制，是能量意外释放的直接原因和根本原因。出现能量的意外释放，反映了人对能量控制认识、意识、知识、技术的严重不足。同时，又反映了安全管理认识、方法、原则等方面的差距。

发生能量意外释放的根本原因，是对能量正常流动与转换的失控，是人而不是能量本身。

二、屏蔽

约束、限制能量意外释放，防止能量与人体接触的措施，统称为屏蔽。常采用的屏蔽形式大致有：

（1）安全能源代替不安全能源；

（2）限制能量；

（3）防止能量蓄积；

（4）缓释能量；

（5）物理屏蔽；

（6）时空隔离；

（7）信息屏蔽等。

三、能量意外释放伤害及预防措施

人意外地进入能量正常流动与转换渠道而致伤害。有效的预防方法是采取物理屏蔽和信息屏蔽，阻止人进入流动渠道。

能量意外逸出，在开辟新流动渠道时达到人体而致伤害。发生此类事故有突然性，事故发生瞬间，人往往来不及采取措施已受到伤害。预防的方法比较复杂，除加大流动渠道的安全性，从根本上防止能量外逸。同时在能量正常流动与转换时，采取物理屏蔽、信息屏蔽、时空屏蔽等综合措施，能够减轻伤害的发生机会和严重程度。

出现这类事故时，人的行为是否正确，往往决定人的伤害或生存。在有毒有害物质渠道出现泄漏时，人的行为对人的伤害与生存关系尤其明显。

能量意外释放，人进入能量新渠道而受到伤害。预防此类事故，完善能量控制系统最为重要，如自动报警、自动控制，既需要在出现能量释放时立即报警，又能进行自动疏放或封闭。同时在能量正常流动与转换时，应考虑非正常时的处理，及早采取时空与物理屏蔽措施。

四、安全技术措施的标准

安全技术是改善生产工艺，改进生产设备，控制生产因素不安全状态，预防与消除危险因素对人产生伤害的科学武器和有力的手段。安全技术包括为实现安全生产的一切技术方法与措施，以及避免损失扩大的技术手段。

安全技术措施重点解决具体的生产活动中的危险因素的控制，预防与消除事故危害。发生事故后，安全技术措施应迅速将重点转移到防止事故扩大，尽量减少事故损失，避免引发其他事故方面。这就是安全技术措施在安全生产中，应该发挥的预防事故和减少损失两方面的作用。

安全技术与工程技术具有统一性，是不可割裂的。强行割裂则是一种严重错误，不符合“管生产同时管安全”的原则。

安全技术措施必须针对具体的危险因素或不安全状态，以控制危险因素的生成与发展为重点，以控制效果作为评价安全技术措施的唯一标准。其具体标准有以下几个方面：

1. 防止人失误的能力

是否能有效地防止工艺过程、操作过程中，导致产生严重后果的人失误。

2. 控制人失误后果的能力

出现人失误或险情，也不致发生危险。

3. 防止故障或失误的传递能力

发生故障、出现失误，能够防止引起其他故障和失误，避免故障或失误的扩大与恶化。

4. 故障、失误后导致事故的程度

至少有两次相互独立的失误、故障同时发生，才能引发事故的保证能力。

5. 承受能量释放的能力

对偶然、超常的能量释放，有足够的承受能力，或具有能量的再释放能力。

6. 防止能量蓄积的能力

采用限量蓄积和溢放，随时卸掉多余能量，防止能量释放造成伤害。

五、安全技术措施的优选顺序

预防是消除事故最佳的途径。针对生产过程中已知的或已出现的危险因素，采取的一切消除或控制的技术性措施，统称为安全技术措施。在采取安全技术措施时，应遵循预防性措施优先选择，根治性措施优先选择，紧急性措施优先选择的原则，依次排列。以保证采取措施与落实的速度，也就是要分出轻、重、缓、急。安全技术措施的优选顺序：

1. 根除危险因素步骤

限制或减少危险因素—隔离、屏蔽、联锁故障—安全设计—减少故障或失误—校正行动。

根除、限制危险因素选择合理的设计方案、工艺，选用理想的原材料，本质安全设备，并控制与强化长期使用中的状态，从根本上解决对人的伤害作用。

2. 隔离、屏蔽

以空间分离或物理屏蔽，把人与危险因素进行隔离，防止伤害事故或导致其他事故。

3. 故障—安全设计

发生故障、失误时，在一定时间内，系统仍能保证安全运行。系统中优先保证人的安全，依次是保护环境，保护设备和防止机械能力降低。故障—安全设计方案的选定，由系统故障后的状态决定。

4. 减少故障和失误

安全监控系统、安全系数、提高可靠性是经常采用的减少故障和失误的措施。

5. 警告

生产区域内的一切人员，需要经常的意识或注意：生产因素变化、警惕危险因素的存在。采用视、听、味、触、警告，以校正危险的行动。警告是提醒人们“注意”的主要方法，是校正人们危险行动的措施。

六、生产作业环境的人机系统要求

工业生产是一套人、机、环境系统。系统因素合理匹配并实现“机宜人、人适机、人机匹配”，可使机、环因素更适应人的生理、心理特征，人的操作行为就可能在轻松中准确进行，减少失误，提高效率，消除事故。

生产作业环境中，温度、湿度、照明、振动、噪声、粉尘、有毒有害物质等，不但会影响人在作业中的工作情绪，不适度的、超过人的不能接受的环境条件，还会导致人的职业性伤害。对作业环境条件的概括要求：

1. 照明必须满足作业的需要

强光线也叫眩光，使人眼出现疲劳与目眩。昏暗或过暗光，不但使人眼出现疲劳，还可能导致操作失误，甚至发生事故。

2. 噪声、振动的强度必须低于人生理、心理的承受能力

噪声、振动损伤人的听觉、影响人的神经系统和心脏功能，有损人的健康，降低工作效率，发生各类事故。

3. 有毒、有害物质的浓度必须降到允许标准以下

有毒、有害物质对人直接产生危害，长期在有毒、有害物质的环境中，能发生人的慢性中毒、职业病。出现急性中毒时会迅速造成死亡。

第四节　反“三违”十项措施

1. 舆论宣传为先导

要充分发挥舆论工具的作用，广泛开展反“三违”宣传。利用各种宣传工具、方法，大力宣传遵章守纪的必要性和重要性，违章违纪的危害性。表彰安全生产中遵章守纪的好人好事；谴责那些违章违纪给人民生命和国家财产造成严重损害的恶劣行为，并结合典型事故案例进行法制宣传，形成视“三违”如“过街老鼠，人人喊打”的局面。通过宣传，使职工认真贯彻“安全第一，预防为主，综合治理”的方针，勿忘安全，珍惜生命，自觉遵章守纪。由“要我反‘三违’”变成“我要反‘三违’”。实现自我约束、自我防范、自觉搞好安全生产的目标。

2. 教育培训是基础

教育培训是安全工作的重头戏。职工的安全意识、技术素质的高低，防范“三违”的自觉程度和应变能力都与其密切相关。安全教育培训要采取多种形式，除经常性的思想政治、形势任务、安全方针、法律法规、组织纪律、安全知识、工艺规程的教育外，应重点抓好法制教育、主人翁思想教育，特别要注意抓好新干部上岗前、新工人上岗前、工人转换工种（岗位）时的安全规程教育。做到教育培训、考核管理工作制度化、经常化，以提高全体干部职工的安全意识和安全操作操作技能，增强防范事故的能力，为反“三违”打下坚实的基础。

3. 企业领导是关键

“三违除不除，关键在干部”，开展反“三违”要以领导为龙头，从各级领导抓起。

一是从提高各级领导自身的安全意识、安全素质入手，针对个别领导容易出现的重生产、重效益，忽视安全的不良倾向，进行灌输宣传，使他们真正树立“安全第一、预防为主、综合治理”的思想，自觉坚持“管生产必须管安全”的原则，以身作则，做反“三违”的带头人。

二是要求各级领导运用现代管理方法，按照“分级管理、分线负责”的原则，对“三违”实行“四全”（全员、全方位、全过程、全天候）综合治理，把反“三违”纳入安全生产责任制之中。做到层层抓、层层落实，并与经济责任制挂钩，使安全生产责任制的约束作用和经济责任制的激励作用有机地结合起来，形成反“三违”的强大推动力，充分发挥领导的龙头作用。

4. 安监队伍是主力军

安监队伍是企业安全生产管理的主力军，不但是领导的助手和参谋，而且是企业内的“警察和裁判”，为创造企业一方平安的环境起着十分重要的监督和管理作用。各级领导要稳定安监队伍，建设一支责任心强素质高、经验丰富懂技术、作风扎实制度熟、任劳任怨、敢管理的安监队伍，树立安全管理的权威，促进企业生产的安全、持续、稳定发展。

5. 班组是主阵地

班组是企业的“细胞”，既是安全管理的重点，也是反“三违”的主要阵地。要真正使“三违”销声匿迹，抓好对班组的管理无疑是重中之重。

一是抓好日常安全意识教育。针对“违章不一定出事故”的侥幸心理，用正、反两方面的典型案例分析其危害性，启发职工自觉遵章守纪，增强自我保护意识。通过自查自纠，自我揭露，同时查纠身边的不安全行为、事故苗子和事故隐患，从“本身无违章”到“身边无事故”。

二是抓好岗位培训。让职工掌握作业标准、操作技能、设备故障处理技能、消防知识和规章制度；提高工作能力，做到“四比”（比敬业爱岗态度，比职业技术水平，比实际操作能力，比安全标准），“三不”（不伤害自己，不伤害他人，不被他人伤害）。

6. 三种人是重点

一是班组长。企业生产一线的指挥员，是班组管理的“领头羊”。班组安全工作的好坏主要取决于这些人。班组长敢于抓“三违”，就能带动一批人，管好一个班。

二是特种作业人员。他们都在关键岗位，或者从事危险性较大的职业和作业，随时有危及自身和他人安全的可能，是事故多发之源。

三是青年职工。他们多为新工人，往往安全意识较差，技术素质较低，好奇心、好胜心强。在这个群体中极易发生违章违纪现象。

把上述三种人作为反“三违”的重点，进行重点教育、培训、管理，并分别针对其特点加以引导和采取相应的措施，就可有效控制“三违”行为，降低事故发生率。

7. 现场管理

现场是职工生产活动与安全活动交织的地方，也是发生“三违”，出现伤亡事故的源地，狠抓现场安全管理尤为重要。

要抓好现场安全管理，安监人员要经常深入现场，在第一线查“三违”疏而不漏，纠违章铁面无私，抓防范举一反三，搞管理新招迭出，居安思危，防患于未然，把各类事故消灭在萌芽状态，确保安全生产顺利进行。

8. 良好习惯要养成

人们在工作、生活中，某些行为、举止或做法，一旦养成习惯就很难改变。俗话说，习惯成自然。在实际工作中，养成的违章违纪恶习势必酿成事故，后患无穷，严重威胁着安全生产。

要改变这种局面，除了需要对不安全行为乃至成为习惯的主观因素进行认真分析，有针对性地采取矫正措施，克服不良习惯外，还要利用站班会、班组学习来提高职工的安全意识；开展技术问答、技术练兵，提高安全操作技能；严格标准、强调纪律，规范操作行为；实行“末位淘汰制”，促使职工养成遵章守纪、规范操作的良好习惯。

9. 教罚并举是武器

要实现安全生产，不能仅靠思想教育，还须搞好法制教育。运用法律武器和法制手段教罚并举，反“三违”，除隐患，灭事故。企业必须对国家、各级政府和本企业颁布实施的安全生产法律、法规、制度进行宣传教育并自觉执行。

凡是事故，都要按照“三不放过”的原则，认真追查分析，根据情节轻重和造成危害的程度对责任人给予帮教处罚。对导致发生伤亡事故的责任者，依据规定，严肃查处，触犯法律的交司法部门处理。要做到“法律面前人人平等”，干部职工一视同仁，实现从人治到法治的转变。

10. 群防群治作保证

在企业安全生产工作中，“企业负责，群众监督”是两项同抓并举的任务。“群众监督”是实现“企业负责”搞好安全生产的可靠保证，也是搞好反“三违”工作的可靠保证。要搞好群众监督，就应特别注意发挥各级工会对安全生产的监督作用，不断提高职工代表的安全监督能力，广泛发动职工依法进行监督，开展以“群防、群查、群治”反“三违”的监督检查活动，确保职工的安全和健康。

第五节　预防“三违”

1. 职业适应的选择

选择合适的员工以适应岗位的需要，在从员工的调配方面，我们应从两个方面入手。一是现有员工的合理调配，应根据各岗位的要求进行合理的员工安排，也就是要因岗而宜，因人而宜，如大站大库就应安排综合能力强、素质高的员工，同时根据各岗位的重要性及易发生“三违”的概率的高低要根据员工责任心强弱来定人定岗，只有这样才能有效地减少“三违”行为的发生。二是严把输入人员的质量，以确保在工作分配当中，能够按岗位的要求去进行分配，从近年来输入人员的质量来看，确实与生产需要形成了矛盾，也就是人员的综合素质不能满足岗位的要求，并且与岗位的要求存在很大的差距，从“三违”行为在工作熟练程上的反映来看，工作熟练程度越高，“三违”行为的概率就会越小，因此要严格控制不合格员工的输入量和提高输入员工的综合素质，才是从源头上治理各种“三违”行为的关键所在。

2. 创造良好的工作环境

良好的工作环境，首先是良好的人际关系，积极向上的集体精神，创造融洽和谐的同事关系、上下级关系，使工作集体具有凝聚力，这样才能使员工心情舒畅地工作，积极主动地相互配合，另外，要解决员工的实际困难，营造良好的工作环境。用大环境影响小环境，促使内因发生转变，以适应大环境的要求，最终达到“三违”行为自我消灭。

3. 加强教育与培训，提高员工的安全素质

当然，员工的后续教育是直接影响到企业的发展及综合实力提升的最关键因素，根据作业区分员工的专业知识及技能的高低，要对员工进行系统的继续教育，使员工进一步掌握必要的专业知识，这其中就是要加强各种培训的有效性，如对井区管理人员的培训要确保能提高管理人员的综合管理能力，对员工的培训要确保操作员工的资格认证的严肃性，防止师资人员出现“三违”行为，杜绝软件上出现“违章作业”行为。

4. 健全管理制度，严格管理制度

加强安全管理是有效控制“三违”行为发生的有力措施，加强安全管理就必须有健全的组织，完善的制度并严格贯彻执行，因此安全管理要采取“分级管理，分线负责”的体制，使安全组织在体系中“横向到边，纵向到底”，层层把关，线线负责，形成全面的安全管理格局，我们在反“三违”活动中提出的领导分级承包，分线负责，建立严格的“三违”行为有奖举报与行为追究档案，实行了所有作业及措施的开工票制度，将安全管理融入任何生产当中，从而有效地控制了“三违”行为的上升和发生，将“三违”现象消灭在萌芽状态。

在反“三违”防范措施方面，各级管理层人员，在任何活动当中都必须坚持“安全第一，预防为主，综合治理”的方针，制定或建立合理、有效的管理制度及行为体系，从而有效地预防和杜绝“三违”行为的发生，在进行人的不安全行为方面的管理同时，营造浓厚的安全工作环境和提供必要的工作条件，从硬件上消减物的不安全状态，以便最大可能地防止实际工作中“三违”现象的发生。也就是说既要抓好人的不安全行为，又要抓好物的不安全状态，只有把牢安全的两条主线，就能消减“三违”行为或现象的发生，从而确保安全生产的顺利开展。

第六节　70 种常见违章纠正

1. 工作后不能保持良好的现场面貌

向班组职工讲清楚，良好的作业环境是保证安全生产的重要条件，工作现场的工器具和物料摆放无序，地面不整洁，不仅会给正常工作造成不便，而且还可能伤害作业人员。应依据安全规程要求，督促并教育职工养成保持作业现场整洁、文明施工的良好习惯。

2. 将消防器材移作他用

消防器材平时储放在生产厂房或仓库内，一旦着火时用以灭火。随意把灭火器材移作他用，会损坏它的性能；如果不归放原处，起火时手忙脚乱，找不到灭火器材灭火，会造成更大的损失。应经常检查消防器材是否妥善保管，如发现移作他用应立即整改。

3. 在工作场所存放易燃物品

在工作场所存放汽油、煤油、酒精等易燃物品既会污染工作环境，又容易引起燃烧和爆炸。因此，禁止在工作场所存储易燃物品。

作业人员应准确估算领取的易燃物品。领取的易燃物品应在当班或一次性使用完；剩余的易燃物品应及时放回指定的储存地点。

4. 不按规定穿工作服

不按规定规范着装，衣服或肢体可能被转动的机器绞住绞伤。因此，必须按规定着装。在作业前，班组长应对着装进行严格检查，不按规定着装的不准上岗作业。

5. 进入施工作业现场不正确佩戴安全帽

施工生产现场存在诸多危险因素，如物体坠落等，因此，必须加强对头部的防护，戴好安全帽，以对头部起到有效的防护作用。进入施工生产现场前，严格检查工人佩戴安全帽的情况，不正确佩戴安全帽者不准进入施工生产现场。发现把安全帽当凳子坐的现象应严肃查处。

6. 在机器未完全停止以前，进行修理工作

在机器未完全停止之前，不能进行修理工作。经常列举有关事故案例，讲清在机器完全停止之前进行修理工作，极有可能诱发事故。

7. 在机器运行中，清扫、擦拭或润滑转动部位

在机器转动时，严禁清扫、擦拭或润滑转动部位，只有确认对工作人员无危险时，方可用长嘴壶或油枪往油盅里注油。讲解在机器运行中擦拭、清扫和润滑所引发的事故案例，从中吸取教训，对违章操作者及时纠正。

8. 翻越栏杆，在运行的设备上行走或坐立

栏杆上、管道上或运行中的设备上，都属于危险部位，翻越或在上面行走和坐立，容易发生摔、跌、轧、压等伤害事故，应严格遵守劳动纪律，对违章者给予相应的处罚。

9. 随意拆除电气设备接地装置

随意拆除接地装置，一旦电气设备绝缘损坏引起外壳带电，如果人与之接触就会触电。因此，接地装置不能随意拆除，也不能对接地装置随意处理。

10. 使用电动工具时不戴绝缘手套

使用电动工具时戴绝缘手套，能有效地防止电弧灼伤或电击。在作业前进行严格检查，对不戴绝缘手套者不允许操作电动工具。

11. 在有可能突然下落的设备下面工作

在有可能突然下落的设备下面工作，存在很大的危险性。应离开危险区域，在安全环境里工作。如必须在有可能突然下落的设备下面检修时，应预先做好防范措施。

12. 在车辆下面或两节车厢的中间穿行

在车辆下面或两节车厢的中间穿行和在铁道上或车厢下休息，是一种无知的冒险行为，一经发现应坚决制止。

13. 用吊斗、抓斗运载作业人员和工具

“不准用吊斗、抓斗运载人员和工具”的规定，班组职工要互相监督。如果吊斗和抓斗里载人，司机应停止工作。对乘坐吊斗或抓斗的，应进行严肃的批评教育或处罚。

14. 穿钉有铁掌的鞋子进入油区

进入油区的有关规定，让职工严格遵守。同时要严格检查，发现穿有铁掌鞋子者，不准入内。

15. 不对易燃易爆物品隔绝即从事电、火焊作业

对易燃易爆物品不采取隔绝措施即从事电火焊作业的危害性，在从事电火焊作业时必须办理相关工作票，对现场存有易燃易爆物品，采取可靠的隔离措施后方可作业。

16. 在制粉设备附近吸烟

在制粉设备附近吸烟有危险性，严格遵守“严禁烟火”的有关规定。对在禁烟场所吸烟者，应立即制止，并予以处罚。

17. 在吊物下停留或通行

讲清在吊物下边停留或通过的危险性。对企图停留或通行的，应坚决劝阻。

18. 擅自检修带压力的管道

不准在有压力的管道上进行任何检修工作。如果确须检修时，必须经企业主管生产技术工作的领导（总工程师）批准，并采取安全可靠的措施。

19. 用燃烧的火柴投入地下室内作检查

讲清把燃烧的火柴等投入地下室作检查存在的危害。作检查时，应采取正确的方法。发现有人向地下室投燃烧的火柴或火绳时，应立即劝止，并给予批评教育。

20. 站在梯子上工作时不使用安全带

讲清站在梯上工作使用安全带的必要性，安全带的一端应拴在高处牢固的地方，对上梯工作未使用安全带的工人，应督促他们立即拴好安全带，以防万一。

21. 监护人同时担任其他工作

教育监护人增强责任感，集中精力做好监护工作。对监护人不能分配其他工作，确保专人做好监护工作。

22. 把安全带挂在不牢固的物件上

选择悬挂安全带的物件，必须牢固可靠，班组职工应互相监护，认真检查，发现安全带悬挂不牢固时，应督促其摘下重新选择牢固可靠的地点。

23. 高处作业不使用工具袋

高处作业必须使用工具袋，高处作业时把工具装在袋中，较大的工具还应用绳索挂在牢固的物件上。对高处作业不使用工具袋者，应严厉批评教育并予以处罚。

24. 高处作业时，将工具及材料随意上下抛掷

讲清将工具及材料上下抛掷的危险性，应采取绳索上下传递工具或材料。对违反规定的行为应立即制止，并给予相应的处罚。

25. 在不坚固的结构上侥幸工作

在作业前，应认真检查所处的位置是否坚固。如果不坚固时，应选择坚固的物体。发现有人在不坚固的物体上作业时，应及时提醒让其停止作业，采取牢靠的安全措施后再作业。

26. 在驾驶室内存放易燃物品

讲清在驾驶室内存放易燃物品的危险性。对存放在驾驶室里的易燃物品，必须清理干净，以绝火患。

27. 车辆行驶时，与驾驶员闲谈

讲清在车辆行驶时，与驾驶员闲谈的危害性。乘车人员不得与驾驶员闲谈，应保证驾驶员集中精力驾车。发现有与驾驶员闲谈的应及时劝止。

28. 站在石块滑落的方向撬石

讲清站在石块滑落的方向撬石存在的危险，撬石块时，严禁站在石块滑落的方向。施工中，发现有人站位不正确，应立即纠正。

29. 移开或越过遮栏工作

不论高压设备带电与否，值班人员都不得移开或跨越遮拦工作。需要移开遮拦工作时，必须与带电设备保持足够的安全距离，并有人在场监护。

30. 进出高压室时，不随手将门锁好

讲清在巡视时进出高压室随手将门锁好的重要性。发现不注意锁门的，应立即纠正并予以批评教育。

31. 对投运的设备（包括机械锁）随意退出或解锁

所有投运的闭锁装置（包括机械锁），不经值班调度员或值班长同意，不得退出或解锁。如果有随意退出或解锁的，应立即纠正，并对责任人给予严厉处罚。

32. 用缠绕的方法装设接地线

讲清用缠绕的方法进行接地的危害性，采用专门的线夹，把接地线固定在导体上。发现有缠绕接地线的现象，应立即纠正，并给予责任人批评教育或处罚。

33. 在室外地面高压设备上工作时，四周不设围栏

讲清在室外地面高压设备上工作时，不设围栏存在的危险性。工作时，四周应立即用围网做好围栏，并悬挂相当数量的“止步！

高压危险！”的标识。对不设围栏的，让其将围栏设好再开始工作，并给予批评教育或处罚。

34. 约时停用或恢复重合闸

讲清约时停用或恢复重合闸存在的危险性，严禁约时停用或恢复重合间。带电作业结束时，向调度汇报后，并检查现场无人时，方能恢复重合闸。对约时停用或恢复重合闸的，应立即纠正，并给予责任者相应的处罚。

35. 带电水冲洗密封不良的设备

在带电水冲洗设备时，首先应对设备密封情况进行检查。密封良好的设备，可以带电水冲洗，密封不良的设备不得进行带电水冲洗，并向工作人员讲清为什么不能这样做的原因。

36. 电器设备着火，使用泡沫灭火器灭火

让职工懂得灭火器的不同性能和用途。扑灭电器设备火灾，只能使用干式或二氧化碳灭火器，不得使用泡沫灭火器。泡沫灭火器只能用于扑救油类设备起火。电气设备起火时，应沉着冷静，选取干式或二氧化碳灭火器灭火。

37. 高处作业时随意跨越斜拉条

在高处作业不得随意跨越，并须系好安全带。对胆大妄为或麻痹大意者的违章行为，应及时纠正与处罚，并帮助他们增强安全观念。

38. 脚蹬吊物指挥起吊

指挥员在发出起吊信号之前，应检查吊物及周围是否危及个人和他人安全，严禁脚蹬吊物指挥起吊。对指挥人员的违章行为，任何人都有权纠正。

39. 在高处平台上倒退着行走

在高处平台作业时，应一丝不苟地落实防护措施，树立牢固的安全意识，举手投足都要小心谨慎，以防万一。

40. 随意移动孔洞盖板，坠落伤身

教育职工严守安全工作规程，孔洞盖板等安全设施不准随意移动，如工作需要移开孔洞盖板，必须专人监护，作业结束立即予以恢复。严禁从孔洞抛扔垃圾等物。

41. 非起重人员从事起重作业

严禁非起重人员从事起重作业，非起重工对违章指挥行为应拒绝。司机对非起重人员从事起重作业应拒绝执行。

42. 拆除闭锁装置，误触高压电身亡

严禁擅自打开盘的闭锁装置，更不允许用高压开关盘内电缆孔作联系通道。发现擅自打开闭锁装置的现象，应立即纠正，从严处罚，以防意外。

43. 不采取安全措施，在带电线路下方穿越放线

如必须在带电线路下方穿越放线，必须采取万无一失的安全措施，防止导线弧度上升，确保万无一失。

44. 起吊时超重吊装

在起吊作业中，严禁超载超重吊装，如发现超载超重吊装的现象，应立即纠正并严肃处理。

45. 高处抛物，不计后果

所有人员都应明确，严禁从高处抛物，发现有抛物的现象，应立即制止。

46. 高处传递物件不系牢

用小绳传递物件时，必须把绳扣系牢。系绳扣时，应认真检查物件是否捆绑牢固。

47. 在高处作业下方站立或行走

安全工作规程规定：高处作业时，下方不得有人站立或行走。作业人员应互相监督，对违反规定，在高处作业下方站立或行走者，及时劝阻。

48. 照明灯距离易燃物过近

照明灯距离易燃物不能过近，否则，容易把易燃物烤燃。对屋顶照明灯，应经常进行检查，看是否处于安全状态。

49. 从事切割作业之前，不清理现场

应对职工加强危险意识教育，从事切割作业之前，应首先清理现场，清除作业环境中的不安全因素。对不清理现场即从事切割的工人，应立即劝阻停止工作并予以处罚。

50. 擅自销毁爆炸物品

个人不得擅自处理销毁爆炸物品，对违反规定、擅自处理销毁爆炸物品的，应进行严肃的批评教育和处罚。

51. 透视工作不拉警戒绳，不挂警告牌

在金属探伤透视工作中，必须严格采取设围栏、挂警告牌、封闭现场等措施，同时加强监控。对不遵守上述规定的，应严加处罚。还应宣传射源射线防护知识，任何人都不得随意进入探伤透视危险区域和拾拣射源等危险品。

52. 随意使用非起重工具进行起重作业

讲清随意使用非起重工具进行起重作业存在的危险。严禁使用非起重工具进行起重。发现使用非起重工具进行起重的，应及时劝止。确需使用非起重工具起重的，应经过批准并采取稳妥的安全措施。

53. 约定手势作指挥信号

讲清用约定手势作指挥信号存在的危险，指挥时，必须使用旗语和口哨作信号。对约定用手势作指挥信号的，应劝其改正并严厉处罚。所有的工人，都有权拒绝用约定手势指挥。

54. 酒后开车

讲清酒后驾车的危险性，司机应严禁酒后驾车，同车作业人员见司机驾车前饮酒应及时劝阻。

55. 检查不认真，误登带电设备

停电作业时，应对作业现场进行认真检查，核对线路名称、杆号及色标，核对、查看设备的排序，并设围栏予以封闭，确实明确作业地点及设备方可作业。同时监护人应加强监护，防止作业人员误登带电设备感电致伤。

56. 签发违章冒险的施工方法的工作票

认清工作票对保护作业安全的重要性。在签发工作票时，所确定的施工方法应科学合理并符合安全规程的要求。对签发违章冒险施工方法的工作票，作业人员有权加以拒绝。

57. 监护人暂离作业现场未指定临时接替人

认清监护人暂离作业现场不指定临时接替人存在的危险。监护人必须始终在工作现场，因工作需要暂时离开现场时，应指定能够胜任的人员临时接替，电气作业没有指定监护人的，应停止作业。

58. 不带工作票盲目作业

工作票是电气作业的行动指南，也是保障安全的重要措施。在作业开始前，工作负责人应宣读工作票及安全措施，并按工作票的要求进行作业。对不带工作票即展开工作的，工人有权拒绝作业。

59. 带电部位不设明显警告标志

讲清带电部位不设明显警告标志存在的危险，带电部位必须设明显的警告标志。

60. 与带电部位安全距离小

讲清与带电部位安全距离小存在的危险。作业时，与带电部位的安全距离必须保持在安全规程规定的范围内。作业前，应认真检查和测量安全距离是否合适。

61. 集体隐瞒事故

讲清隐瞒事故存在的危害性。事故发生后，应实事求是地向上级报告，及时分析，吸取教训，防止重复发生。对隐瞒不报的，应给予严肃处理。

62. 领导进入生产现场不穿戴工作服

进入生产现场不穿工作服随时存在着被伤害的危险，特别是单位领导更应带头严格执行有关穿用工作服和安全帽的规定。不按规定穿用工作服和戴安全帽的领导，不能进入生产现场。

63. 使用有缺陷的工器具

讲清使用有缺陷的安全工器具存在的危险。作业前，应对工器具进行认真检查，有缺陷的工器具维修好后再使用。

64. 电气设备不接地漏电

讲清电气设备不接接地线存在的危险。电气设备必须接地，没有接地的不能使用。

65. 谎报设备损坏真相，以延长检修时间

认清谎报设备损坏、以延长检修时间的危害性。严禁谎报设备损害真相，求取延长检修时间的做法，应养成实事求是、一丝不苟的作风。

66. 随意从高处跳下

讲清随意从高处跳下存在的危险。高处作业上下，严禁往下跳，防止发生意外。

67. 危险作业不挂警示牌

讲清危险作业不挂警示牌存在的危险。从事危险作业之前，应悬挂警示牌或专人监护。加强安全监督检查，对危险作业不挂警示牌的，及时纠正并予以处罚。

68. 非指挥人员进行指挥

讲清非指挥人员进行指挥存在的危险。非指挥人员严禁指挥。对非指挥人员进行指挥的，应立即劝阻并给予相应处罚。

69. 作业时与他人闲谈

讲清工作时与他人闲谈的危害，要求工人严格遵守运行纪律，集中精力工作，严禁工作中与他人闲谈。

70. 随意作业，擅自操作，导致误操作事做

教育职工认真遵守安全规程，严格执行“两票”，杜绝随意作业、擅自操作行为。

第五章

多项行动反“三违”

第一节　安全行为规范建设与养成

一、安全行为建设的基本原则

（1）实事求是、与时俱进的原则；
（2）依法管治、强制执行的原则；
（3）以人为本、安全为先的原则；
（4）科学管理、量化细化的原则；
（5）简单明了、便于操作的原则；
（6）全员参与、重在落实的原则。

二、安全行为建设的目标和要求

1. 制度性

安全行为规范对员工的生产作业行为有指导和约束作用。要真正使全体员工的安全行为规范化，就必须把安全行为规范制度化，使员工的安全价值理念充分地体现在生产作业活动中，形成一种制度，通过制度来规范和约束员工的行为。

2. 实践性

安全行为规范来源于实践，同时又指导实践，并在实践中加以体现；它不仅表现在安全管理的各种规章制度中，更应体现在员工的安全行为中。

3. 渗透性

要将安行为规范渗透到员工的头脑中，就必须加强安全文化宣传教育。也就是要用企业的安全价值理念去引导和熏陶员工的思想，让所有的员工都认同企业安全价值理念，并在现实中用这种安全价值理念指导自己的行为。

4. 激励性

奖惩化具体对自觉遵守安全行为规范的员工进行奖励，对无视安全行为规范的员工进行批评，甚至进行处罚。以此来提高员工遵章守纪的自觉性。

5. 系统性

安全行为规范的最终目的是形成一种内容充实的系统性的安全行为文化，这种系统性的安全行为文化将对员工产生内在的约束力，激发员工的安全生产积极性、主动性和创造性。

三、安全行为规范的制定

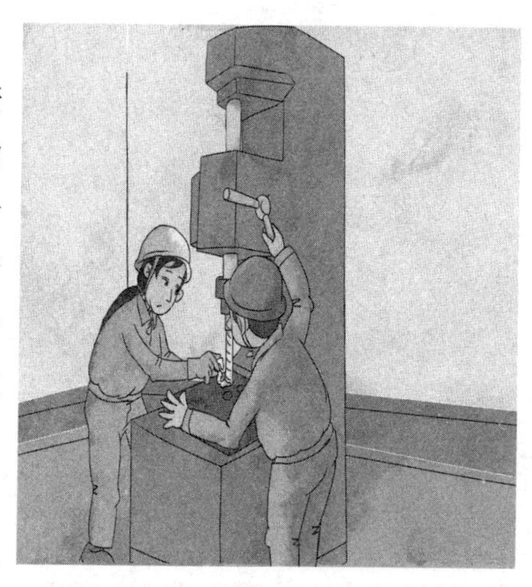

安全行为规范是领导层、管理层、员工层三大群体在安全生产活动都必须共同遵守的制度规则。安全行为规范是针对每名岗位人员进行安全生产活动的强制性行为要求。行为规范的制定以人的行为控制为重点，使各岗位人员明确该怎么做、不该怎么做，怎么做是对的、怎么做是错的，引导员工规范作业行为，为安全操作明确了基本标准。根据工作岗位设置，要逐级逐人制定领导层、管理层安全工作目标、工作责任、工作标准；根据作业程序和要求，制定员工层的安全工作目标、工作责任、工作标准，并进行总结归纳，精练为口字诀、安全确认、安全环境描述等，使安全行为规范融于心、融于眼、融于口、融于手、融于行。

1. 制定领导层安全行为规范

（1）公开承诺。单位领导层应适时亲自公布企业相关安全承诺与政策，参与安全责任体系的建立，做出重大安全决策。

（2）责任履行。在企业人事政策、安全投入、员工培训等方面，单位领导层应充分履行自己的安全职责，确保安全在各工作环节的重要地位。

（3）自我完善。单位领导层应接受充分的安全培训，加强与外部进行安全信息沟通交流，全面提高自身安全素质，做好遵章守制、安全生产的表率。

2. 制定管理层安全行为规范

（1）责任履行。单位管理层应明确所担负的建立并完善制度、加强监督管理、改善安全绩效等重要安全责任，并严格履行职责。

（2）指导下属。单位管理层应对员工进行资格审定，有效组织安全培训和现场指导。

（3）自我完善。单位管理层应注重安全知识和技能的更新，积极完善自我，加强沟通交流。

3. 制定员工层安全行为规范

（1）安全态度。主要从安全责任意识、安全法律意识和安全行为意向等方面，培养对待安全的态度。

（2）知识技能。除熟练掌握岗位安全技能外，还应具备充分的辨识风险、应急处置等各种安全知识和操作能力。

（3）行为习惯。应养成良好的安全行为习惯，积极交流安全信息，主动参与各种安全培训和活动，严格遵守规章制度。

（4）团队合作。在安全生产过程中，同事之间要增进了解，彼此信任，加强互助合作，主动关心、保护同伴，共同促进团队安全绩效的提升。

四、安全行为规范的控制

遵守安全法规、执行安全标准、履行安全职责、遵守安全规程、强化自我管理，让安全成为习惯是安全行为规范控制的核心。一要构建安全行为控制机制，以职业健康安全管理体系为载体，落实程序控制，完善绩效监测、内部审核、管理评审三层监控机制。二要建立不安全行为预警系统，强化监督检查，注重动态过程中对员工的不安全行为纠正。三要实施走动式管理，重点解决安全生产中所存在的安全管理上下脱节、违章屡禁不止、低级错误频发等问题。四要严格安全责任追究，实施安全问责制，杜绝责任虚化。

（1）对领导层。要牢固树立“依法治安”的安全观念，即按安全法律、法规的要求来进行企业安全生产管理，做到企业安全管理不违法。

（2）对管理层。应牢固树立“执行安全技术标准、规程和履行安全职责”的观念，即按国家、行业安全标准与规范、规程进行生产经营，做到生产经营不违反各类安全规范和安全标准，工作中不违章指挥切实履行个人岗位的安全职责。

（3）对员工层。应牢固树立“遵守安全操作规程”的观念，即按工种和机械设备的安全操作规程进行作业，工作中不违章作业。

（4）每个岗位人员。都应自觉遵守安全法律法规和企业安全规章制度，在工作中自律自己的行为，做到不违章指挥、不违章作业、不违反劳动纪律；同时，在日常工作中要结合工作，努力学习安全技术知识，掌握安全技能，通过自我管理，逐渐养成良好的安全行为习惯。

五、安全行为规范的养成

安全行为规范的养成，要用组织的、强制的手段作保证，促使每个人由被动到主动，由不自觉到自觉，由不习惯到习惯，逐步提高其规范化的高度。要通过明确行为规范、加强行为控制，培育行为养成系统。

（1）领导层要严格落实安全工作“五同时”，重视关心安全工作，及时研究解决安全问题，指挥、决策、落实安全工作符合安全规律。

（2）管理层要主动把安全工作摆放在突出位置，增强履责意识，充分发挥桥梁和纽带作用，指导下属、带领职工主动落实安全任务。

（3）员工层要注重自我完善，达到安全目标明确，安全责任清晰，安全技能胜任岗位工作需求，能够自觉履行安全职责，自觉消除事故隐患，自觉抵制“三违”行为，实现自我约束、自我监督和自我控制。

第二节　重拳出击——隐患治理

对隐患排查所发现的各种隐患进行治理，才能真正解决企业生产经营过程中的问题，降低风险，提高安全管理水平。

一、一般隐患治理

1. 一般隐患分级

一般隐患是指危害和整改难度较小，发现后能够立即整改排除的隐患。为更好地、有针对性地治理在企业生产和管理工作中存在的一般隐患，要对一般隐患进行进一步的细化分级。

事故隐患的分级是以隐患的整改、治理和排除的难度及其影响范围为标准的。根据这个分级标准，在企业中通常将隐患分为班组级、车间级、分厂级直至厂（公司）级，其含义是在相应级别的组织（单位）中能够整改、治理和排除。

其中的厂（公司）级隐患中的某些隐患如果属于应当全部或者局部停产停业，并经过一定时间整改治理方能排除的隐患，或者因外部因素影响致使企业自身难以排除的隐患应当列为重大事故隐患。

2. 现场立即整改

有些隐患如明显的违反操作规程和劳动纪律的行为，属于人的不安全行为式的一般隐患，排查人员一旦发现，应当要求立即整改，并如实记录，以备对此类行为统计分析，确定是否为习惯性或群体性隐患。有些设备设施方面的简单的不安全状态如安全装置没有启用、现场混乱等物的不安全状态等一般隐患，也可以要求现场立即整改。

3. 限期整改

有些隐患难以做到立即整改的，但也属于一般隐患，则应限期整改。

限期整改通常由排查人员或排查主管部门对隐患所属单位发出“隐患整改通知”，内容中需要明确列出如隐患情况的排查发现时间和地点、隐患情况的详细描述、隐患发生原因的分析、隐患整改责任的认定、隐患整改负责人、隐患整改的方法和要求、隐患整改完毕的时间要求等。

限期整改需要全过程监督管理，除对整改结果进行“闭环”确认外，也要在整改工作实施期间进行监督，以发现和解决可能临时出现的问题，防止拖延。

二、重大隐患治理

针对重大隐患，就需要“量身定做”，为每个重大隐患制定专门的治理方案。由于重大隐患治理的复杂性和较长的周期性，在没有完成治理前，还要有临时性的措施和应急预案。治理完成后还有书面申请以及接受审查等工作。

1. 制定重大事故隐患治理方案

重大事故隐患治理方案应当包括以下内容：

（1）治理的目标和任务；

（2）采取的方法和措施；

（3）经费和物资的落实；

（4）负责治理的机构和人员；

（5）治理的时限和要求；

（6）安全措施和应急预案。

企业在制定重大事故隐患治理方案时还必须考虑安全监管监察部门或其他有关部门所下达的“整改指令书”和政府挂牌督办的有关内容的指示，也要将这些指示的要求体现在治理方案里。

2. 重大事故隐患治理过程中的安全防范措施

事故隐患排除前或者排除过程中无法保证安全的，应当从危险区域内撤出作业人员，并疏散可能危及的其他人员，设置警戒标志，暂时停产停业或者停止使用；对暂时难以停产或者停止使用的相关生产储存装置、设施、设备，应当加强维护和保养，防止事故发生。

3. 重大事故隐患的治理过程

企业在重大事故隐患治理过程中，要随时接受和配合安全监管部门的重点监督检查。如果企业的重大事故隐患属于重点行业领域的安全专项整治的范围，就更应落实相应的整改、治理的主体责任。

4. 重大事故隐患治理情况评估

地方人民政府或者安全监管监察部门及有关部门挂牌督办并责令全部或者局部停产停业治理的重大事故隐患，治理工作结束后，有条件的生产经营单位应当组织本单位的技术人员和专家对重大事故隐患的治理情况进行评估；其他生产经营单位应当委托具备相应资质的安全评价机构对重大事故隐患的治理情况进行评估。

这种评估主要针对治理结果的效果进行，确认其措施的合理性和有效性，确认对隐患及其可能导致的事故的预防效果。评估需要有一定条件和资质的技术人员和专家或有相应资质的安全评价机构实施，以保证评估本身的权威性和有效性。

5. 重大事故隐患治理后的工作

重大事故隐患治理后并经过评估，符合安全生产条件的，生产经营单位应当向安全监管监察部门和有关部门提出恢复生产的书面申请，经安全监管监察部门和有关部门审查同意后，方可恢复生产经营。申请报告应当包括治理方案的内容、项目和安全评价机构出具的评价报告等。

三、隐患治理措施

隐患治理及其方案的核心都是通过具体的治理措施来实现的，这些措施大体上分为工程技术措施和管理措施，再加上对重大隐患需要做的临时性防护和应急措施。

1. 治理措施的基本要求

（1）能消除或减弱生产过程中产生的危险、有害因素；

（2）处置危险和有害物，并降低到国家规定的限值内；

（3）预防生产装置失灵和操作失误产生的危险、有害因素；

（4）能有效地预防重大事故和职业危害的发生；

（5）发生意外事故时，能为遇险人员提供自救和互救条件。

隐患治理的方式方法是多种多样的，因为企业必须考虑成本投入，需要最小代价取得最适当的结果。有时候隐患治理很难彻底消除隐患，这就必须在遵守法律法规和标准规范的前提下，将其风险降低到企业可以接受的程度。可以这样说：“最好”的方法不一定是最适当的，而最适当的方法一定是“最好”的。

2. 工程技术措施

工程技术措施的实施等级顺序是直接安全技术措施、间接安全技术措施、指示性安全技术措施等；根据等级顺序的要求应遵循的具体原则应按消除、预防、减弱、隔离、连锁、警告的等级顺序选择安全技术措施；应具有针对性、可操作性和经济合理性，并符合国家有关法规、标准和设计规范的规定。

根据安全技术措施等级顺序的要求，应遵循以下具体原则：

（1）消除：尽可能从根本上消除危险、有害因素；如采用无害化工艺技术，生产中以无害物质代替有害物质、实现自动化作业、遥控技术等。

（2）预防：当消除危险、有害因素有困难时，可采取预防性技术措施，预防危险、危害的发生；如使用安全阀、安全屏护、漏电保护装置、安全电压、熔断器、防爆膜、事故排放装置等。

（3）减弱：在无法消除危险、有害因素和难以预防的情况下，可采取减少危险、危害的措施；如局部通风排毒装置、生产中以低毒性物质代替高毒性物质、降温措施、避雷装置、消除静电装置、减振装置、消声装置等。

（4）隔离：在无法消除、预防、减弱的情况下，应将人员与危险、有害因素隔开和将不能共存的物质分开；如遥控作业、安全罩、防护屏、隔离操作室、安全距离、事故发生时的自救装置（如防护服、各类防毒面具）等。

（5）连锁：当操作者失误或设备运行一旦达到危险状态时，应通过连锁装置终止危险、危害发生。

（6）警告：在易发生故障和危险性较大的地方，配置醒目的安全色、安全标志；必要时设置声、光或声光组合报警装置。

3. 安全管理措施

安全管理措施往往在隐患治理工作中受到忽视，即使有也是老生常谈式的提高安全意识、加强培训教育和加强安全检查等几种。其实管理措施往往能系统性地解决很多普遍和长期存在的隐患，这就需要在实施隐患治理时，主动地和有意识地研究分析隐患产生原因中的管理因素，发现和掌握其管理规律，通过修订有关规章制度和操作规程并贯彻执行来从根本上解决问题。

第三节　班组安全不放过

一、班组安全管理方法

班组安全管理是为了保障班组每个成员在生产作业中的安全健康，保护班组所使用设备、设施、工器具等国家或集体财产不受意外损失而采取的安全措施。

1. 班组安全管理的原则

班组安全管理，应坚持以下原则：

（1）目的性原则。根据班组人员情况和工作现场的变化与发展，使班组的安全管理过程与之相适应，以有的放矢地实行安全管理。

（2）民主性的原则。通过在班组实行民主，调动班组每个成员的积极性。参与班组的安全生产管理，充分发挥班组每一个成员的责任感和聪明才智，班组全体成员一道共同搞好班组安全建设。

（3）闭环性原则。班组内的安全管理手段必须构成一个连续闭环式的回路，这样才能有效地实施班组的安全管理。

2. 安全管理基本原则

（1）班组安全工作必须认真贯彻“安全全第一、预防为主、综合治理”的方针，在各项生产活动中确保人身安全和设备安全。

（2）制定安全生产管理制度、企业标准和岗位职责，积极做好安全生产、职业健康知识和法律法规的宣传和普及工作，以防机械伤害、防职业病、防触电、防高空坠落、防高温中暑、防中毒为重点，规范作业环境和作业条件管理，按规定为企业员工配备个人防护用品，完善各类防护措施，做好职业病的防治工作，保护员工身心健康。

（3）班长是本班组的安全生产第一责任人。班组全体成员在班长的直接领导下充分发挥作用，共同做好班组安全生产工作。

（4）班组应认真落实岗位职责，强化目标考核，规范过程控制，全面推行标准化作业。

（5）班组成员应自觉遵守和执行集团公司及本企业制定的安全生产规章制度、各项企业标准和管理制度。

（6）班组应按“管生产必须管安全”的原则，做到“五同时”，即计划、布置、检查、总结、考核班组生产工作的同时，要计划、布置、检查、总结、考核安全工作。

3. 安全管理基本要求

（1）班组应设立“五大员”（安全员、宣传员、培训员、工具材料保管员、考勤员），并明确职责，共同参与班组的安全生产管理，完成基层班组的安全监督、宣传教育、技术培训、标准化管理、工作定额、工作业绩目标考核等。

（2）班组应明确安全责任，制定安全生产责任制，把安全责任落实到人。

（3）班组应收集备齐适用的安全生产法规、制度、标准、应急预案等，并及时更新。

4. 班组安全管理的基本内容

班组安全管理的基本内容包括建立健全班组安全生产的各项规章制度，建立班组安全台账和必要的设备班组安全及其他有关生产台账，开展班组安全检查、安全性评价、安全教育和培训、危险点分析、风险控制及应急预案学习和演练。

5. 班组安全规章制度

安全生产规章制度是班组安全管理的重要依据，是班组每一个成员必须遵守的行为准则。班组安全规章制度一部分由企业或车间制定，一部分由班组根据本班组的实际情况制定，并由车间或企业安全监督部门审批后执行。班组安全规章制度主要包括：安全生产责任制、安全检查制度、安全教育和培训制度、安全生产奖惩制度、危险点分析、风险控制及应急预案学习和演练等制度。

6. 班组安全标准化作业和规范化管理

班组实行安全标准化作业和规范化管理，是为了防止人的不安全行为和物的不安全状态，也就是控制不安全事件的发生。要达到这个目的，其有效途径是大力推行标准化，逐步达到作业程序标准化、操作程序标准化、安全设施标准化、个体防护用品使用标准化、作业环境程序标准化、工器具摆放和使用标准化、安全用语标准化。实行标准化作业和规范化管理，就是要统一和优化作业的程序。标准化作业就是从根本上解决职工在劳动过程中的安全健康的重要措施。标准化作业要求全员贯彻执行，所以要抓好培训教育工作，要学习、宣传、训练、推广标准化作业。推行标准化作业，让每一个成员了解标准化作业的内容和如何实现标准化。实现标准化，从一定意义上讲要改变以往的不良习惯做法，因此，必须制定严格制度，严格考核，长期坚持下去。

7. 班组安全检查

班组安全检查的目的是，通过班组成员检查发现和查明各种危险和事故隐患，并加以有效地防范和整改，及时监督各种安全规程制度的贯彻实施，制止各种违章行为。

安全检查的形式很多，应用最多的是“一班三检制”。它可以及时了解、掌握和发现工作现场、岗位所存在的不良工作条件的危险和各种隐患，有利于及时消除隐患。工人师傅说，班前查安全，思想添根弦；班中查安全，作业保平安；班后查安全，警钟鸣不断。班前检查重点是工器具、作业环境和个人防护用品的穿戴，班中检查重点是设备运行状况、纠正违章作业行为，班后安全检查重点是工作现场，不能留下隐患。班组安全检查的另一个普遍使用的方法是定期安全检查，即周五安全检查。安全检查小组由班长、技术员、工会小组长、安全员（劳动保护监督员）参加，对本班组安全生产状况及厂房和小仓库进行安全检查。

8. 班组日常安全管理

管理工作是保证安全及各项工作顺利进行的链条。因此，首先必须下功夫抓基础管理工作。

（1）每周的安全日活动必须认真进行，分析本班组安全情况，提出下一步工作计划。

（2）认真开展班前碰头会或安全站班会与班后讲评会，碰头会上布置任务，明确分工、安全注意事项，班后会进行工作总结，当班发生不安全情况必须及时向领导汇报。

（3）搞好科学管理建立原始记录卡片，台账要认真详细。

（4）认真贯彻安规“两票”及安全措施，对岗位责任制及培训、运行、检修、安全管理制度等一丝不苟地执行。

（5）搞好安全统计工作。对全班的故障及个人“五无”天数的统计，并对缺陷隐患的消除，要准确、认真地填写报表。

二、加强班组安全教育与训练

班组安全教育与训练的目的，是使班组每一个成员掌握基本的安全知识，提高班组每一个成员的安全意识和技能。安全教育是保留在作业（操作）者头脑中的静态记忆，而安全意识和技能则是在外界刺激下表现出来的实际行动，安全意识和技能要经过反复的教育与训练才能具备。因此，要经常对班组成员进行安全教育与训练。班组安全教育的主要内容有：

1. 安全责任制教育

教育班组每个成员增强搞好安全生产的自觉性和责任感，使班组每个成员从被动的“要我安全”转为主动的“我要安全”，自觉地遵章守纪，严格执行规程制度，做安全生产模范。

2. 安全生产方针教育

班组每一个成员都要了解安全生产方针的内容和含义，并结合班组的实际，讨论、理解安全生产方针的重要意义，消除有碍贯彻安全生产方针的错误思想，只有使班组每一个成员正确理解安全生产方针，才能切实贯彻安全生产方针。

3. 安全法规和规章制度教育

通过对班组成员进行安全规章制度教育，使班组每个成员了解、熟悉、掌握和落实国家的安全生产法律法规和企业有关安全生产的规章制度，要使班组每个成员认识到，安全生产规章制度是用血的教训换来的。通过安全法规教育，增强职工的法制观念，使大家认清违章作业、违章指挥就是违“法”，提高遵章守纪、抵制违章指挥、违章作业的自觉性。实践证明，“遵章是幸福的保障，违制是灾祸的开端”“一人违章，众人遭殃”“违章作业是自杀，违章指挥就是杀人”。

4. 事故案例和典型不安全事件教育

事故案例和典型不安全事件是班组安全教育的极好教材，班组要结合本企业、车间及本单位的事故案例和典型不安全事件进行教育。它能使班组成员了解事故给职工生命和国家或集体财产造成的损失。

5. 如何向全班人员进行安全教育

班组的安全教育是经常性的。要坚持班前布置工作中讲安全、班中查安全、班后总结安全，特别是抓好学习日的安全活动。安全教育的主要内容有：

（1）端正态度，严格遵守现场安全制度，讲安全生产的重要性，树立“安全生产”的思想；正确使用防护用品、安全工具；

（2）防止事故的发生必须提出事故预想及控制措施；

（3）工作人员必须具备安全知识；

（4）整理本班组兄弟班组发生故障实例进行教育；

（5）学习相关法律、法规及逐条对照检查；

（6）组织学习有关安全文件、通报等；

（7）工作危险因素控制及安全措施；

（8）消防安全“二十条”及火灾发生“十注意”。

6. 以人为本，抓好安全教育

以人为本，强化安全管理，就是关爱人的生命，尊重人的尊严，就是人性化管理；主要是针对安全素质比较低的人，认真抓好员工的安全教育和技术培训工作，提高其安全素质。因此，我们的各级管理干部在安全生产工作中，要时刻抓住“人”这个主要因素，根据不同的工作任务、时间、地点、环境、人物，采取“对症下药”的安全措施对策，消除人的不安全因素。

三、加强班组管理的措施

1. 人性化管理是加强班组管理的首要前提

基层班组管理的人性化是现代企业管理的发展趋势。其要义在于通过充分尊重人、理解人、信任人、帮助人、培养人，不断激发广大员工的主观能动性，最终创造出高效优质的产品。

2. 质量化管理是加强班组管理的重要基础

注重引导，提高质量参与意识。加强合作，树立质量监控意识。开展交流，激发质量创新意识。

3. 标准化管理是加强班组管理的必要手段

实现班组管理体制层次的标准化。基层班组管理工作的综合性、群众性、经常性，决定了它是企业中党、政、工、团的一项共同任务。因此，要积极完善班组建设体制，建立健全班组管理的组织领导原则和工作制度，即“行政负责、工会协助、党政工团齐抓共管，通力合作；厂部统一规划、车间具体领导、班组自我管理”。进一步明确班组管理工作责任，强化各级组织和各个方面对班组管理工作的综合指导和支持，形成符合标准化要求的领导体制和管理层次。

实现班组管理制度的标准化。统一、规范各种原始记录，认真做好日常分析状况、监控记录，为班组日常管理工作提供可靠依据，切实减轻班组负担。同时把各个班组建设的工作内容进行有机整合，减少不必要的重复设置，保证班组与班组之间管理信息的对称。实现班组管理民主的标准化。在班组标准化管理工作中，要对班组民主管理的内容、方式等从组织上落实，从制度上保证。一方面通过每天早会、每周班会、每月例会等组织形式，鼓励班组职工参与班组的生产、决策及管理。另一方面还要不断改进和完善职工意见反馈体系，最大限度地发挥班组成员的积极性、主动性和创造性，使班组每一名成员都能畅所欲言。

第四节　现场作业规范

一、作业程序规范化

危险作业程序包括申请、审批、作业、监督、总结等过程，整个程序一定严格、规范。对于危险性大的危险作业（如动火作业），应严格执行作业证制度。需要进行危险作业的部门应首先提出申请，说明要求作业的理由、时间、地点、规模和作业内容。申请一般应逐级进行，即班组向车间，车间向厂提出申请。

作业审批，根据作业的危险等级由车间级或厂级进行审批。审批应主要由安全生产管理部门或人员负责进行，并按安全检查表进行。作业审批合格后，发给作业证，明确作业时间，参加作业人员，作业分工以及指定作业负责人和作业监护人。

在开始作业前，应做好作业前的准备和检查工作。准备工作包括：作业前的培训，熟悉作业标准，掌握安全要点和异常情况的对策等；作业现场的清理整顿；工具设备准备；服装护具准备；确定并熟悉作业中的指挥、联络方式等。作业前的检查包括：自检、领导检查和安技人员检查。检查合格后才能开始作业，作业中，指挥人员和作业人员均应严格按预定方案要求进行；监护人员应在作业现场进行监督检查，以确保作业安全。

二、设备与工具使用的规范化

作业中使用的设备与工具应严格按施工设计要求配备，并严格进行检查。检查内容包括：设备、工具完好情况、作业场所清理整顿情况、作业环境中的危险因素情况、安全防护装置、安全标志配备情况等。

三、作业组织设计的规范化

作业组织设计是整个施工或作业中的指导性文件，也是危险性作业开工前必须做的一项重要工作，因此应严格按有关规程要求进行，并做好技术交底。

四、作业现场的规范化

危险性作业很多带有临时性，其作业（施工）现场的布设、安全防护、作业过程等，通常不像固定地点的重复性作业那样规范，这也是造成危险性作业事故多的主要原因之一。因此，应加强对作业（施工）现场的管理，使之规范化。

（1）作业环境布置及防护要规范化，应根据作业内容，合理确定各种设备、构件等大件吊装的走向路线；

（2）作业中需临时拆卸的栏杆、扶梯和搬移开的隔栏板等部位，应及时拉上警示栏绳，铺垫行走跳板；

（3）作业中的各种工艺孔、洞必须加防护盖或围栏；使用的电焊机、废物箱等设备或物体，必须放在现场安全员指定位置，不得影响施工人员的安全通道；

（4）对所有使用的高压线应悬挂明显警示标志，对氧气、乙炔管应架空，防止破损造成事故隐患；

（5）高空作业下部应设置警戒区域，拉好防护拦绳。

第五节　重视企业安全文化建设

建立良好的企业安全文化是一个长期的过程，它要在对传统的企业安全文化进行调查分析的基础上进行甄别和舍取，再根据时代发展的要求和人们的思想观念进行把握，并且要考虑和企业文化相协调，提炼出明确的安全理念。可通过以下几个途径来加强企业安全文化建设。

1. 提高安全认识，领导身体力行

企业安全文化建设的关键是各级领导的安全文化素质和身体力行抓安全的态度。领导者要用自己对安全生产的责任心，确保安全意志和安全价值观，通过言传身教来影响企业的每一名职工，进而通过严格的奖惩实践不断强化安全观念，才能有效地加快企业安全文化建设。对安全生产的规律认识是安全文化建设的前提。现代安全管理理论认为，生产事故的发生虽然有其突发性和偶然性，但事故是可以预测、预防和预控的。“预防为主”是企业安全管理的基本原则。因此，领导要坚定事故可控的信心。领导者切忌“一阵风”、喊口号，甚至是说起来重要，忙起来不要，事故多发时就着急，安全稳定时就忘了。领导者不仅要旗帜鲜明地表达自己提倡什么，反对什么，更要身体力行，严于律己，敢管善管，尤

其要对安全投入不打折扣，处理安全问题不手软，动员一切力量，调动一切资源，搞好安全生产。

2. 运用各种手段，营造安全氛围

良好安全文化的形成不是一朝一夕的事情，必须多管齐下，持之以恒，方能见效。对各级领导和广大职工的安全教育是一项长期的工作，必须坚持不懈。一是法律法规的教育。近年来，国家颁布了《安全生产法》等一系列安全生产的法律法规，要让职工守法，必须先知法，可通过学习、研讨、考试等多种形式，促进法律法规知识的学习。二是安全技术的学习，要不断调动职工学习技术的积极性，组织职工开展技术研究，搭建技术交流平台，形成学习型企业氛围。三是通过事故案例教育，对发生的事故及其隐患按照“四不放过”的原则进行处理，对历史的典型事故经常组织讨论，吸取教训，强化意识。四是运用正负激励的手段，如签订安全责任书，并严格奖惩兑现，树立正面典型，激励先进。实行安全一票否决，落实安全生产责任制。五是培育“预防管理”的文化氛围。鼓励全体员工主动发现安全隐患，报告安全问题，提出安全建议，防范事故于未然。还可以采取全员安全承诺，征集安全警句，亲人家属安全寄语等形式多样的安全文化活动，营造浓厚的安全文化氛围。

3. 运用有效手段，制止“三违”现象

通过对事故的实例分析，真正是人力不可抗拒的因素而导致的事故，是很少见的，而绝大多数事故都可以找到违章的原因。因此，违章指挥，违章操作，违反劳动纪律（俗称“三违”）是安全管理的大忌，可以说“三违”阴影不除，则事故的幽灵不散。安全文化建设的根本目的是通过人的自觉行为，减少甚至是消除“三违”现象以达到控制事故的目的。真正做到“落实规章制度，严格安全管理”

是安全管理工作的重要任务，也是检验安全文化建设成效的标准。

4. 处理好几个关系，做实安全文化建设

企业安全文化建设是企业精神文明建设的重要内容，是企业文化建设的重要组成部分，它根植于企业的管理过程，不可能独立存在。要把企业安全文化建设做细、做实，取得实效，必须处理好几个关系：

（1）处理好与企业文化的融合关系。企业安全文化是企业文化的亚文化，必须有良好的企业文化氛围作支撑。如果没有良好的企业文化氛围，安全文化的建设就失去方向和土壤。因此，在设计和推进安全文化建设时，要和企业的总体价值观相融合，与以人为本和全面、协调、可持续发展的科学发展观相一致。

（2）处理好继承与创新的关系。继承是安全文化建设的基础，创新是安全文化建设的不竭动力。企业在不同的发展阶段，针对工作环境的变化，既要继承优良的安全文化传统，又要适应社会发展要求和职工需要变化，不断创新工作思路，丰富和发展安全文化建设的手段和内容，使安全文化充满生机与活力。

（3）处理好与企业管理的关系。安全文化应该说是安全管理的灵魂，但它不能代替管理制度。因此，在建设企业安全文化过程中，仍要完善安全管理制度，使制度管理和文化管理相互促进，相得益彰。

（4）处理好与安全设施投入的关系。安全管理是基于安全设施的可靠性之上的管理，必要的安全投入是安全生产的保证，要加大安全投入，消

除设备隐患，为职工创造良好的生产生活环境。使职工心情舒畅，乐于接受企业的文化观念和管理手段。

第六节　加强安全培训

1. 搞好安全教育培训就是保证职工自觉地按客观规律办事

职工的安全教育是保证生产安全的关键，只有职工在安全意识上从一种本能的反应上升到在主观上去认识生产的客观规律、去阻止和预防安全事故的发生，主观认识到安全的重要性，才能真正抓好生产安全，因此安全教育是必不可少的一部分。要想做好安全教育就得从职工思想入手，在对安全的认识上，有两种看法：一种人认为事故发生是必然现象，只要火车一动，就必然有事故发生，事故是不可避免的。这种看法是把安全与生产对立起来，看不到安全对生产的促进作用，认为安全生产的规律是不可认识、不能把握的。另一种人的看法是认为发生事故是偶然现象，事故是可以认识的，在正常情况下，事故是可以避免的。从哲学的因果关系来看，事物有偶然性和必然性。偶然性是指在同样条件下，某种现象可能发生，也可能不发生，可能这样发生，也可能那样发生的趋势。必然性是指在一定条件下，某种现象必然发生，且合乎规律、不可避免的趋势。凭经验和直觉了解生产过程中的安全问题，是很不够的。而能事先预测到发生事故的

可能性，掌握事故发生的规律，做出定性和定量的分析和评价，并根据评价结果提出相应的措施，防止和消除事故的发生，确保安全生产，这就需要职工从思想认识来作保证。只有对职工做好安全教育，提高职工对安全管理的重视和认识程度，才能真正确保安全。

2. 搞好安全教育培训是保护职工生存权的重要措施

安全管理，就是按照安全生产的客观规律，通过提高职工队伍素质，提高执行规章制度的自觉性，改善劳动条件，最有效地调动劳动安全生产的积极性，实现安全生产，达到减少事故和杜绝事故，减少和减轻对职工的伤害，保护劳动者的健康和安全。因此，抓好安全教育是保护职工生存权的重要措施。

3. 搞好职工的安全教育培训是保证安全不可缺少的重要手段

职工要有安全教育培训，有安全就有效益。实践证明再好再新的设备，只要使用者不认真照样会发生事故。相反，我们的设备虽然落后一点，只要狠抓管理，加强维护工作，保证设备处于良好状态，就有可能避免重大事故的发生。再有一点就是职工的安全意识、职业责任、劳动纪律、技术作业标准、群体安全和生产过程中的自控、互控、他控都要靠人的控制能力去体现或完成。搞好安全管理的目的，就要充分体现“安全生产”是最现实的生产力，是最有效的挖潜扩能，因此，安全教育是保证安全生产不可缺少的重要手段。

4. 安全意识和对安全的可控能力是生产安全的重要因素

人的意识影响人的行为，安全意识只是一种安全愿望，职工要实现这种愿望，必须通过以自身的安全素质和技能为支撑的行为去实现。因此，应通过各种途径与渠道，大力开展职工安全知识技能的教育培训，切实提高职工在劳动作业过程中对安全的可控能力。

第六章

安全知识篇

第一节 消防安全知识

1. 单位、个人发现火灾后，应履行的义务

任何人发现火灾都应当立即报警。任何单位、个人都应当无偿为报警提供便利，不得阻拦报警。严禁谎报火警。

2. 防止火灾发生的基本措施

（1）控制可燃物；

（2）隔绝空气；

（3）消除火源；

（4）阻止火势蔓延。

3. 干粉灭火剂适用于扑救的火灾

它能扑救易燃液体、可燃气体、电气设备火灾、也能扑救木材、纸张、橡胶、棉花、纤维等可燃固体物质火灾。

4. 报火警应报的内容

（1）发生火灾的具体时间、地点；

（2）火势的基本情况；

（3）是否有人员被困；

（4）报警人姓名、住址及其联系电话；

（5）报警人应到路口接消防车。

5. 损坏、挪用或者擅自拆除、停用消防设施、器材的，应承担的法律责任。

6. 发生火灾时人被困在室内呼救措施

人被大火围困在建筑物内向外呼救，外面的人很难听到。因为熊熊烈火形成一道火围墙，向外呼救实际上是很困难的。此时此刻被困的人应保持冷静，人应卧倒在地面上呼救。

7. 吸烟容易引起火灾情况

（1）躺在床上或沙发上吸烟；

（2）漫不经心，不管场合，随手乱丢烟头和火柴梗；

（3）在维修汽车和清洗机件时吸烟；

（4）叼着香烟寻物时烟灰掉落在可燃物上引起火灾；

（5）不看场合地点，乱磕烟灰引起火灾；

（6）在匆忙时把未熄灭的烟头塞进衣服口袋，结果引燃衣服而起火；

（7）把点燃的香烟随手放在可燃物上；

（8）使用打火机不当引起火灾；

（9）在严禁用火的地方吸烟而引起火灾和爆炸事故。

8. 公共场所的防火规定

不在公共场所内吸烟和使用明火；不带烟花、爆竹、酒精、汽油等易燃易爆危险物品进入公共场所；车辆、物品不紧贴或压占消防设施，不应堵塞消防通道，严禁挪用消防器材，不得损坏消火栓、防火门、火灾报警器、火灾喷淋等设施；学会识别安全标志，熟悉安全通道；发生火灾时，应服从公共场所管理人员的统一指挥，有序地疏散到安全地带。

9. 消防安全重点单位对职工进行消防安全教育内容

（1）有关消防法规、消防安全制度和保障消防安全的操作规程；

（2）本单位、本岗位的火灾危险性和防火措施；

（3）有关消防设施的性能、灭火器材的使用方法；

（4）报火警、扑救初起火灾以及自救逃生的知识和技能。

10. 防止违章动火6大禁令

（1）动火证未经批准，严格禁止动火；

（2）不与生产系统隔绝，严格禁止动火；

（3）不清洗、置换不合格，严格禁止动火；

（4）不按时作动火分析，严格禁止动火；

（5）不把周围易燃物清除，严格禁止动火；

（6）没有消防措施、无人监护，严格禁止动火。

11. 特殊化学品火灾扑救注意事项

（1）扑救液化气体类火灾，切忌盲目扑灭火势，在没有采取堵漏措施的情况下，必须保持稳定燃烧，否则，大量可燃气体泄漏出来与空气混合，遇着火源就会发生爆炸，后果将不堪设想。

（2）对于爆炸物品火灾，切忌用沙土盖压，以免增强爆炸物品爆炸时的威力；另外扑救爆炸物品堆垛火灾时，水流应采用吊射，避免强力水流直接冲击堆垛，以免堆垛倒塌引起再次爆炸。

（3）对于遇湿易燃物品火灾，绝对禁止用水、泡沫、酸碱等湿性灭火剂扑救。

（4）扑救毒害品和腐蚀品火灾，尽量用低压水流或雾状水，避免毒害品和腐蚀品溅出。

12. 火灾扑救的一般原则

（1）要不失时机地扑灭初起火险；

（2）要及时准确地拨打火警电话；

（3）要迅速查明火源，切断物料来源；

（4）要积极抢救受困人员，减少不必要的伤亡；

（5）警惕火场烟雾，防止中毒窒息；

（6）统一指挥，防止忙中出错。

13. 灭火的基本方法

（1）冷却法：降低燃烧物质的温度，使之降到燃点以下而停止燃烧。如用水直接喷射燃烧物质；往燃烧区周围未燃的物质上喷洒灭火剂，防止形成新的燃烧区。

（2）窒息法：即隔绝空气，使可燃物质无法得到氧气而停止燃烧，如用不燃或难燃的石棉布、沙土等直接覆盖在燃烧物上，往着火的空间内冲灌蒸汽。

（3）隔离法：使燃烧物质与未燃物隔离，中断可燃物的供给，使火源孤立，致使其不得蔓延。如将可燃、易燃和助燃物质搬走；关掉可燃气体、液体管道的阀门，切断可燃物料的来源；堵截流散的燃烧液体；拆除与火源毗邻的易燃建筑和设备。

（4）抑制法：使灭火剂参与到燃烧反应过程中去，中断燃烧的联锁反应。如卤代烷灭火剂，在接触火焰时，受热产生的卤素离子与燃烧产生的活性氢基化合，使燃烧的连锁反应停止。

第二节　电气安全知识

1. 电气设备发生火灾时，可带电灭火的器材

二氧化碳、四氯化碳 、干粉。

2. 影响电流对人体伤害程度的主要因素

主要因素有：电流的大小，人体电阻，通电时间的长短，电流

的频率，电压的高低，电流的途径，人体状况。

3. 人触电后的救援措施

当有人触电后，其身边的人不要惊惶失措，应及时采取以下应急措施。

（1）首先要赶快拉掉电源开关或拔掉电源插头，不可随便用手去拉触电者的身体，因触电者身上有电，一定要尽快先脱离电源，才能进行抢救；

（2）为了争取时间，可就地使用干燥的竹竿、扁担、木棍拨开触电者身上的电线或电器用具，绝不能使用铁器或潮湿的棍棒，以防触电；

（3）救护者可站在干燥的木板上或穿上不带钉子的胶底鞋，用一只手（千万不能同时用两只手）去拉触电者的干燥衣服，使触电者脱离电源；

（4）人在高处触电，要防止脱离电源后从高处跌下摔伤。

4. 临时电线的架设要求

（1）离地高度，室内不小于 2.5 m，室外不小于 3 m，跨越公路不小于 5 m；

（2）电线的绝缘必须良好；

（3）电线不得接触易燃易爆高温潮湿的管道、设备；

（4）电线留头要用绝缘胶布包扎好或临时配电插座盘。

5. 在遇到高压电线断落地面时，导线断落点 20 m 内，禁止人员进入。

6. 防止交流、直流电触电的基本措施

将带电设备设置必要的防护，要求保证防护意外的接触、意外的接近，做到不可能接触；对于偶然带电的设备，应采用保护接地和保护接零或安装漏电断路器等措施；另外，要对电气线路或电气设备进行检查、修理或试验。但需要进行带电检修时，应使用适当的个人防护用具。

7. 在电气设备上工作，保证安全的技术措施

（1）停电；

（2）验电；

（3）装设接地线；

（4）悬挂标示牌和装设遮栏。

8. 应保护接零作业场所

凡正常时不带电而故障时可能带危险电压（包括感应电）的金属导体均应采取保护接零措施。如电动机、变压器、开关设备等均应采取保护接零措施。

9. 防止触电的主要措施

采用安全电压、漏电保护器；保证可靠的绝缘、屏护、间距；正确使用保护接地、保护接零等。

10. 电压相同的交流电和直流电，对人身伤害大的是交流电。特别是 50~60Hz 的交流电。

11. 凡在潮湿工作场所或在金属容器内使用手提式电动用具或照明灯时应采用 12（V）伏安全电压。

12. 电气安全措施有组织措施和技术措施两部分。

13. 脱离低压电源的主要方法

（1）切断电源；

（2）割断电源线；

（3）挑拉电源线；

（4）拉开触电者；

（5）采取相应救护措施。

采取以上措施时注意必须使用符合相应电压等级的绝缘工具。

14. 搬动风扇、照明灯和移动电焊机等电气设备时，应在切断电源情况下进行。

第三节　特种设备安全知识

1. 特种设备

是指涉及生命安全、危险性较大的锅炉、压力容器（含气瓶，下同）、压力管道、电梯、起重机械、客运索道、大型游乐设施。其中，锅炉、压力容器（含气瓶）、压力管道为承压类特种设备；电梯、起重机械、客运索道、大型游乐设施为机电类特种设备。

2. 特种设备检修安全技术及个人防护

（1）检修前的准备工作，设备停车步骤及注意事项

① 锅炉检修前的准备

首先，锅炉按正常停炉程序停炉，缓慢冷却。打开各门孔，此时防止被蒸汽、热水或烟气烫伤。其次，把被检验锅炉上的蒸汽、给水、排污等管道与其他运行中锅炉的相应管道用盲板隔断，将被检验锅炉的烟道与总烟道或其他运行锅炉相

通的烟道隔断。隔断位置要明确指示出来。

② 压力容器检修前的准备

用盲板彻底切断容器与外部设备的连接管道，特别是切断与可燃或有毒介质设备的通路。容器内部的介质要全部排净，对于可燃、有毒或窒息性介质，还应进行清洗、置换、消毒等技术处理，并经取样分析合格。切断所有与容器有关的电源。

③ 检修中的安全注意事项

a．注意通风和监护　进入设备前，打开锅筒、容器上的入孔和集箱上的手孔，充分通风；进入设备内检修时，应保持通风，且设备外必须有人监护。

b．注意用电安全　狭窄、潮湿的设备内检修时，照明应使用电压不超过12V或24V的低压防爆灯，严禁采用明火照明。

c．不得带压拆装　连接部件检验时，如需要卸下或上紧承压部件的紧固件，必须将压力全部泄放以后才能进行，以防发生意外。

（2）安全防护用品的使用及人身安全监护

应按照每种防护用品的使用要求，规范使用。在使用时，必须在整个接触时间内认真充分佩戴。劳动者应充分利用个人防护用品做自我保护，以减少检修过程中带来的危害。

3. 特种设备操作工职责

（1）严格遵守各项规章制度，遵守劳动纪律，不擅离职守。

（2）上班不做与岗位无关的事，精心操作，对违章指挥，违章作业应予抵制。

（3）搞好文明生产，穿戴好防护用品，严禁当班喝酒和酒后上岗。

（4）认真做好容器设备的维护、保养工作，保持容器处于完好状态。

（5）认真执行工艺操作规程和岗位操作规程。严密监视设备各参数的变化，保持最佳运行状态，并做好各项记录，内容须真实。

（6）遇有事故时及时报告有关人员，不得隐瞒事故。

（7）努力学习业务技术知识，不断提高操作技术水平和事故处理能力。

4. 特种设备安全操作规程

（1）压力容器安全操作规程

① 压力容器操作人员须持有质监部门发放的安全操作许可证方可上岗，非持证人员不得操作压力容器。

② 实行安全操作持牌制度，在一些关键的操作装置上挂牌，牌上要有明显的标记或文字说明装置的操作程序与状态，包括阀门的开关方向及其他注意事项。

③ 容器运行前应检查容器的安全附件（包括压力表、安全阀、温度计、液位计等）是否处在完好状态，经确认完好后，方可开机。

④ 容器操作人员必须按容器使用的工艺条件进行操作，防止过载。

⑤ 容器运行过程中，应时常检查温度、压力、液位等是否在安全操作规定范围内，并严格按工艺条件控制，运行过程中，操作人员不得擅自离开岗位。

⑥ 在容器使用过程中，还应注意检查容器连接部位有无泄漏，渗漏现象，以及与其相连的管道有无震动、磨损，如生产上述现象，须及时修理并上报。

⑦ 压力容器每次使用后，应做好运行记录，包括设备运行时间、运行状态，如有检修，则应做好检修记录，包括检修原因、部位、日期等。

⑧ 压力容器须按规定定期检验，安全阀每年校验一次，压力

表每半年校验一次，并将校验记录存档。

（2）气瓶的安全操作规程：

① 每个气瓶必须装设二个防震橡胶圈。

② 气瓶附件失效或缺损，阀门螺杆滑丝时应停止使用。气瓶应直立着安放并采取固定措施，以免跌倒发生事故。

③ 禁止使用没有减压阀的气瓶。

④ 气瓶中的氮气不允许全部用完，至少应留 0.05 MPa 的剩余压力，并将阀门拧紧，写上“空瓶”标记。

⑤ 开启阀门时，要用专用工具，动作要缓慢，不要面对减压表，但应观察压力表指针是否灵活正常。

⑥ 按时送检压力表，合格后使用。

（3）叉车安全操作规程：

① 操作人员应遵守厂内交通运输有关规则。

② 叉装物件时，必须明确被装物件重量在叉车允许装载范围内。如物件重量不明时，应将该物件叉起离地 10 cm 后检查叉车的稳定性，确认无超重现象后方可运输。

③ 叉装时，物件应尽量靠近起落架，其重心应在起落架的中间，确认无误，方可提升物件。

④ 物件提升到离地 10~30 cm，将叉齿全部后倾方可行驶。起步时，不得突然加大油门、变换前后方向，须待叉车停稳后方可进行。

⑤ 以内燃机为动力的叉车，进入仓库作业时，应有良好的通风设施，严禁在易燃易爆品的仓库内作业。

⑥ 严禁叉齿上载人，驾驶室除规定操作人员外，其他人员一

律不得进入或在室外搭乘。

⑦ 作业结束后，将叉车停放在平坦、坚实的地方，使叉齿落至地面并将车轮制动住。

（4）起重作业安全注意事项：

① 对新安装的、经过大修或改变重要性能的起重机械，在使用前必须都应当按照起重机性能试验的有关规定进行吊重试验。

② 起重机每班作业前应先做无负荷的升降、旋转、变幅，前后左右的运行以及制动器、限位装置的安全性能试验，如设备有故障，应排除后才能正式作业。

③ 起重机司机与信号员应按各种规定的手势或信号进行联络。作业中，司机应与信号员密切配合，服从信号员的指挥。但在起重作业发生危险时，无论是谁发出的紧急停车信号，司机都应立即停车。

④ 司机在得到信号员发出的起吊信号后，必须先鸣信号后起重。起吊时重物应先离地面试吊，当确认重物挂牢、制动性能良好和起重机稳定后在继续起吊。

⑤ 起吊重物时，吊钩钢丝绳应保持垂直，禁止吊钩钢丝绳在倾斜状态下去拖动被吊的重物。在吊钩已挂上但被吊重物尚未提起时，禁止起重机移动位置或作旋转运动。禁止吊拔埋在地下或凝结在地下或重量不明的物品。

⑥ 重物起吊、旋转时，速度要均匀平稳，以免重物在空中摆动发生危险。在放下重物时，速度不要太快，以防重物突然下落而损坏。吊长、大型重物时应有专人拉溜绳。防止因重物摆动，造成事故。

⑦ 起重机严禁超过本机额定起重量工作。如果用两台起重机同时起吊一件重物时，必须有专人统一指挥，两机的升降速度应保

持相等，其重物的重量不得超过两机额定起重量总和的75%；绑扎吊索时要注意重量的分配、每机分担的重量不能超过额定起重量的80%。

⑧ 起重机吊运重物时，不能从人头上越过，也不要吊着重物在空中长时间停留，在特殊情况下，如需要暂时停留，应发出信号，通知一切人员不要在重物下面站立或通过。

⑨ 起重机在工作时，所有人员尽量避免站在起重臂回转索及区域内。起重臂下严禁站人。装吊人员在挂钩后应及时站到安全地区。禁止在吊运重物上站人或对调挂着的重物进行加工。必须加工时应将重物放下垫号，并将起重臂、吊钩及回转机构的制动器刹住。若加工时间较长，应将重物放稳，起重机摘钩。吊着重物时司机和信号员不得随意离开工作岗位。在停工或休息时，严禁将重物悬挂在空中。

⑩ 当起重机运行时，禁止人员上下，从事检修工作或用手触摸钢丝绳和滑轮等部位。

⑪ 吊运金属溶液和易燃、易爆、有毒、有害等危险品时，应制定专门的安全措施，司机要连续发出信号，通知无关人员离开现场。

⑫ 使用电磁铁的起重机，应当划定一定的工作区域，在此区域内禁止有人，在往车辆上装卸铁块时，重物严禁从驾驶室上面经过，汽车司机必须离开驾驶室，以防止万一吸铁失灵铁块落下伤人。

⑬ 起重机在吊重作业中禁止起落起重臂，在特殊情况下，应严

格按说明书的有关规定执行。严禁在起重臂起落稳妥前变换操纵杆。

⑭ 起重机在吊装高处的重物时，吊钩与滑轮之间应保持一定的距离，防止卷扬过限将钢丝绳拉断或起重臂后翻。在起重臂达到最大仰角和吊钩在最低位置时，卷筒上的钢丝绳应至少保留 3 圈以上。

⑮ 起重机的工作地点，应有足够的工作场所和夜间照明设备。起重机与附近的设备、建筑物应保持一定的安全距离，使其在运行时不会发生碰撞。

⑯ 起重机作业时，有下列情况之一时，不能起吊：

a. 信号不清时；

b. 重量不明时；

c. 所吊重物离开吊点有一段距离需斜拉时；

d. 所吊重物超过起重机的起重能力时；

e. 重物捆绑不牢及起吊后不稳时；

f. 露天作业遇有六级以上大风及大雾等恶劣天气时；

g. 夜间作业没有足够的照明时；

h. 钢丝绳严重磨损，出现断股时。

⑰ 起重机不得在架空输电线路下面作业，在通过架空输电线路时，应将起重臂落下，以免碰撞。在架空输电线路一侧作业时，不论在任何情况下，起重臂、钢丝绳或重物等与架空输电线路的最小距离不小于表四规定。

5. 气焊工安全操作规程

（1）施焊地有易燃、易爆物，必须清除、覆盖、隔离。

（2）乙炔发生器必须设有防止回火的安全装置，保险链。

（3）高、中压乙炔发生器，应可靠接地，压力表及安全阀应定期检查。

（4）乙炔发生器不得放置在电线正下方，与氧气瓶不得同放一处，距易燃、易爆物和明火的距离不得少于 10 m。

（5）乙炔瓶、氧气瓶应有防震圈，旋紧安全帽，防止暴晒。

（6）点火时，焊枪口不准对人，正在燃烧的焊枪不得施放在物件或地面上。

（7）不得持连接胶管的焊枪爬高。

（8）严禁在带压的容器或管道上焊割，带电设备应先切断电源。

（9）在储存易燃、易爆及有毒品的容器或管道上焊接时，应先清除干净，并将所有的孔口打开。

（10）工作完毕后，应将气瓶气阀关好，拧上安全罩，并将胶管、焊枪，仪表收拾干净。

（11）检查操作地点是否可以引起火灾，确认无起火危险后，方可离去。

6. 电焊工安全操作规程

（1）电焊机外壳必须接地良好，其电源的装拆应由电工进行。焊接时，操作人员必须戴手套，穿绝缘鞋。

（2）电焊机要设单独的开关，开关应放在防雨的闸箱内，拉合时应戴手套侧向操作。

（3）焊钳与把线必须绝缘良好，连接牢固，更换焊条应戴手套，在潮湿地点工作，应站在绝缘胶板上或木板上。

（4）严禁在带压力的窗口或管道上施焊，焊接带电的设备必须先切断电源。

（5）焊接存放易燃、易爆有毒物品的容器或管道必须清除干净，并将所有孔口打开。

（6）在密闭金属容器内施焊时，容器必须可靠接地，通风良好，并应有人监护，严禁向容器内输入氧气。

（7）焊接预热件时，应有石棉布或挂板等隔热措施。

（8）把线、地线禁止与钢丝绳接触，更不得用钢丝绳或机电设备代替零线。所有地线接头，必须连接牢固。

（9）清除焊渣，采用电弧气刨清根部时，应戴防护眼镜或面罩，防止铁渣飞溅伤人。

（10）多台焊机在一起集中施焊时，焊接平台或焊件必须接地，应有隔光板。

（11）雷雨时，停止露天焊接作业。

（12）施焊周围有易燃、易爆物时清除、覆盖、隔离。

（13）工作结束，应切断电源，检查操作地点，确认无起火危险后，方可离去。

第四节　劳动防护用品安全知识

1. 劳动防护用品的穿戴要求

（1）劳动防护用品一般包括：安全帽、安全带、防静电工作服、防静电工作鞋、防酸碱服、防酸碱鞋、防酸碱手套、防毒面具、护目镜、耳塞、焊工面罩、电工绝缘鞋、电工绝缘手套、消防服、防化服、空气呼吸器等；

（2）按照国家有关劳动防护用品的规定，劳动防护用品必须具有“三证一标”，即产品合格证、生产许可证、安全鉴定证、安全标志，以保护员工身体健康与安全；

（3）使用前，使用人应对劳动防护用品质量情况进行检查，保证劳动防护用品的完好，符合要求；

（4）个人使用的个体防护用品，不得对个人防护用品进行更换或添加饰物，不用时应妥善保管、经常保养，保证其完好性；

（5）部门负责人、安全员、班组长、安全管理部门负责对职工的劳动防护用品穿戴情况进行检查，发现问题及时纠正，确保其达到标准；

（6）进入生产车间现场的人员，应按劳动防护要求和现场安全要求穿戴劳动防护用品，未按规定穿戴者，不准进入车间现场；工作中，违反规定穿戴者必须立即停止作业，纠正后方可恢复作业；

（7）安全帽正确佩戴方法（非建筑用）：头发长的员工，特别是女员工戴安全帽时，要把长发盘起置于安全帽内；安全帽不能拿在手中，或随处乱放，在工作中要时刻带在头上，养成戴安全帽的好习惯；

（8）进入装置、现场着装必须穿防静电工作服、防静电工作鞋和戴安全帽。长袖工作服不得卷袖，拉链应完全拉上，带纽扣的应扣齐，带鞋带的防静电工作鞋要系紧鞋带；

（9）进入车间工作现场必须穿合格的工作鞋。任何人不得穿高跟鞋、网眼鞋、钉子鞋、凉鞋、拖鞋等进入车间；

（10）特殊工种、特殊作业必须按国家标准和有关规定正确着装。易燃易爆场所必须穿防静电工作服、防静电工作鞋。车工、钳工、铣工、刨工等带切削加工工作岗位，砂磨等在崩裂、飞溅环境操作岗位，必须佩戴护目镜；电焊、气割、气焊等在强光环境下作业必须佩戴深色护目镜（或防护面罩）；其他在易碎产品作业或粉尘环境作业必须佩戴护目镜；

（11）在有机械转动环境中工作的人员不许戴手套、系领带和围巾；

（12）在装卸、搬运、堆放生产过程及设备安装维护过程中使用布手套；搬运或接触有刺激、有腐蚀、有毒等化学品或工业用品时必须佩戴橡胶手套；电焊、气焊、气割操作时必须佩戴电焊手套；旋转设备操作中严禁佩戴手套，维护电工带电作业必须佩戴绝缘手套；

（13）砂轮、粉尘环境岗位的员工、在生产过程中必须佩戴防尘口罩；接触有刺激、有腐蚀、有毒或不确定性能化工原料、溶剂、助剂时必须佩戴合适的防毒口罩（滤毒罐）；

（14）酸碱（或其他化学品）等有刺激性、腐蚀性、有毒性液体原料接触的岗位作业必须戴面罩、穿防护服、防护胶鞋；

（15）空气呼吸器的使用按照说明书进行检查、试验，日常做好空气呼吸器的检查、维护保养工作；

（16）各使用部门要做好劳保用品规范使用指导，布置安全工作和注意事项，检查员工劳保用品的使用情况。公司劳动人事部、安保部、生产部不定期进行监督检查；

（17）对违反本规定造成经济损失的或因不按规定使用防护用品及随意拆改防护用品而发生的事故事件，要追究本人及相关领导的责任并承担相应的损失。

2. 个人防护用品的作用

使用一定的屏蔽体或系带、浮体，采取隔离、封闭、吸收、分散、悬浮等手段，保护机体或全身免受外界危害因素的侵害。护品供劳动者个人随身使用，是保护劳动者不受职业危害的最后一道防线。当劳动安全卫生技术措施尚不能消除生产劳动过程中的危险及有害因素，达不到国家标准、行业标准及有关规定，也暂时无法进行技术改时，使用护品就成为既能完成生产劳动任务，又能保障劳动者的安全与健康的唯一手段。

3. 个人防护用品分类

按照用途分类

（1）以防止伤亡事故为目的的安全护品。主要包括：

a．防坠落用品，如安全带、安全网等；

b．防冲击用品，如安全帽、防冲击护目镜等；

c．防触电用品，如绝缘服、绝缘鞋等电位工作服等；

d. 防机械外伤用品，如防刺、割、绞碾、磨损用的防护服、鞋、手套等；

e. 防酸碱用品，如耐酸碱手套、防护服和靴等；

f. 耐油用品，如耐油防护服、鞋和靴等；

g. 防水用品，如胶制工作服、雨衣、雨鞋和雨靴、防水保险手套等；

h. 防寒用品，如防寒服、鞋、帽、手套等。

（2）以预防职业病为目的的劳动卫生护品。主要包括：

a. 防尘用品，如防尘口罩、防尘服等；

b. 防毒用品，如防毒面具、防毒服等；

c. 防放射性用品，如防放射性服、铅玻璃眼镜等；

d. 防热辐射用品，如隔热防火服、防辐射隔热面罩、电焊手套、有机防护眼镜等；

e. 防噪声用品，如耳塞、耳罩、耳帽等。

4. 安全帽的防护作用

（1）防止物体打击伤害；

（2）防止高处坠落伤害头部；

（3）防止机械性损伤；

（4）防止污染毛发伤害。

它可以在以下几种情况下保护人的头部不受伤害或降低头部伤害的程度。

（1）飞来或坠落下来的物体击向头部时；

（2）当作业人员从 2 m 及以上的高处坠落下来时；

（3）当头部有可能触电时；

（4）在低矮的部位行走或作业，头部有可能碰撞到尖锐、坚硬的物体时。

5. 安全帽使用注意事项

（1）戴安全帽前应将帽后调整带按自己头型调整到适合的位置，然后将帽内弹性带系牢。缓冲衬垫的松紧由带子调节，人的头顶和帽体内顶部的空间垂直距离一般在 25 ~ 50 mm 之间，不要小于 32 mm 为好。这样才能保证当遭受到冲击时，帽体有足够的空间可供缓冲，平时也有利于头和帽体间的通风。

（2）不要把安全帽歪戴，也不要把帽沿戴在脑后方。否则，会降低安全帽对于冲击的防护作用。

（3）安全帽的下领带必须扣在颌下并系牢，松紧要适度。这样不至于被大风吹掉，或者是被其他障碍物碰掉，或者由于头的前后摆动，使安全帽脱落。

（4）安全帽体顶部除了在帽体内部安装了帽衬外，有的还开了小孔通风。但在使用时不要为了透气而随便再行开孔。因为这样做将会使帽体的强度降低。

（5）由于安全帽在使用过程中会逐渐损坏。所以要定期检查，检查有没有龟裂、下凹、裂痕和磨损等情况，发现异常现象要立即更换，不准再继续使用。任何受过重击、有裂痕的安全帽，不论有无损坏现象，均应报废。

（6）严禁使用只有下颌带与帽壳连接的安全帽，也就是帽内无缓冲层的安全帽。

（7）维修、操作人员在现场作业中，不得将安全帽脱下，搁置一旁，或当坐垫使用。

（8）由于安全帽大部分是使用高密度低压聚乙烯塑料制成，

具有硬化和变蜕的性质。所以不宜长时间地在阳光下暴晒。

（9）新领的安全帽，首先检查是否有劳动部门允许生产的证明及产品合格证，再看是否破损、薄厚不均，缓冲层及调整带和弹性带是否齐全有效。不符合规定要求的立即调换。

（10）在现场室内作业也要戴安全帽，特别是在室内带电作业时，更要认真戴好安全帽，因为安全帽不但可以防碰撞，而且还能起到绝缘作用。

（11）平时使用安全帽时应保持整洁，不能接触火源，不要任意涂刷油漆，不准当凳子坐，防止丢失。如果丢失或损坏，必须立即补发或更换。无安全帽一律不准进入工作现场。

6. 安全带的防护作用

高处作业，重叠交叉作业，为了防止作业者在某个高度和位置上可能出现的坠落，作业者在登高和高处作业时，必须系挂好安全带。

7. 安全带的使用和维护

（1）思想上必须重视安全带的作用。无数事例证明，安全带是“救命带”。可是有少数人觉得系安全带麻烦，上下行走不方便，特别是一些小活、临时活，认为“有扎安全带的时间活都干完了”。殊不知，事故发生就在一瞬间，所以高处作业必须按规定要求系好安全带。

（2）安全带使用前应检查绳带有无变质、卡环是否有裂纹，卡簧弹跳性是否良好。

（3）高处作业如安全带无固定挂处，应采用适当强度的钢丝绳或采取其他方法。禁止把安全带挂在移动或带尖锐棱角或不牢固的物件上。

（4）高挂低用。将安全带挂在高处，人在下面工作就叫高挂

低用。这是一种比较安全合理的科学系挂方法。它可以使有坠落发生时的实际冲击距离减小。与之相反的是低挂高用。就是安全带拴挂在低处，而人在上面作业。这是一种很不安全的系挂方法，因为当坠落发生时，实际冲击的距离会加大，人和绳都要受到较大的冲击负荷。所以安全带必须高挂低用，杜绝低挂高用。

（5）安全带要拴挂在牢固的构件或物体上，要防止摆动或碰撞，绳子不能打结使用，钩子要挂在连接环上。

（6）安全带绳保护套要保持完好，以防绳被磨损。若发现保护套损坏或脱落，必须加上新套后再使用。

（7）安全带严禁擅自接长使用。如果使用 3 m 及以上的长绳时必须要加缓冲器，各部件不得任意拆除。

（8）安全带在使用前要检查各部位是否完好无损。安全带在使用后，要注意维护和保管。要经常检查安全带缝制部分和挂钩部分，必须详细检查捻线是否发生裂断和残损等。

（9）安全带不使用时要妥善保管，不可接触高温、明火、强酸、强碱或尖锐物体，不要存放在潮湿的仓库中。

（10）安全带在使用两年后应抽验一次，频繁使用应经常进行外观检查，发现异常必须立即更换。定期或抽样试验用过的安全带，不准再继续使用。

8. 检修人员作业危害辨识

一般装配作业：工作服、安全帽、安全鞋

打磨 / 钻孔作业：工作服、安全帽、安全鞋、防护镜

噪声作业：当机器设备噪声达到 80 dB 时，需佩戴耳塞或耳罩

喷漆作业：呼吸面罩、防化服、防化手套、防护镜、安全鞋等

高空作业：工作服、安全帽、防滑鞋及安全带

搬运作业：工作服、安全帽、安全鞋、防护手套

其他作业：应配备相应个人防护装备

进入粉尘较大的工作现场一定要按要求戴带防尘口罩或防尘面罩。

高空作业：是指《高处作业分级》标准中规定的凡是在坠落高度基准面 2 m 以上（含 2 m）有可能坠落的高处的作业。

高空作业必须佩戴安全带或安全绳等防坠落装置。

第五节　常用安全知识

一、办公室安全

1. 避免将公司保密文件外传；

2. 接触保密文件的员工应避免在公众场合讨论有关内容（如在飞机场、餐厅、车站、厕所等公众场合），在使用台式电脑时也要确保敏感信息不被他人获知；

3. 员工在使用完保密文件或离开办公室时应将文件上锁；

4. 员工离开办公室时应将存有保密文档的电脑关闭或设置开启密码；

5. 各部门的来访者应在有相关部门人员陪同下，方可在办公区域走动或经批准后方可进入生产区域；

6. 最后离开办公室者负责关闭所有灯具和电器，并确定办公室门已上锁；

7. 员工应将个人物品放置在安全的地方，并上锁；

8. 严禁未经许可在办公室内接拉电线、电源；

9. 使用办公电器时，应严格遵照使用说明；

10. 电源插座不得超负荷使用，发现插座电线发热，应及时通知电工处理；

11. 保证安全通道畅通，禁止在办公室吸烟；

12. 如果有任何安全隐患，请立即通报负责人或安全管理人员；

13. 如有任何个人物品遗失或公司财物被盗情况发生，请立即通报公司办保卫部门。

二、交通安全

1. 员工在外出时应遵守交通规则，注意交通安全；

2. 员工在上下班途中乘坐班车上下车时注意安全，尽量等车子停靠在停靠点待车辆停稳以后再上下车；

3. 因公驾车的员工应遵守交通规则，小心驾驶；

4. 严禁无证驾驶、酒后和醉酒驾驶车辆；

5. 如有意外发生，请立即报警（110）或拨打急救电话（120）、保险公司并通知部门、分厂负责人或公司分管领导，在偏僻地点发生意外时，更应注意个人安全。

三、工作前

1. 思考和确认本班次中的操作注意事项，回顾类似操作过程中曾经发生过的错误和事故，并避免再次发生；

2. 按生产区域要求穿工作服、戴安全帽；

3. 如有疑问，请向直接负责人咨询；

4. 严禁携带火种进入生产装置区域，在禁止使用手机的区域请关手机；

5. 了解将要进行的工作中所接触的危险化学品的情况和设备状况；

6. 在进入特定操作岗位或进行特定操作前准备好须规范佩戴个人防护用品。

四、工作中

1. 严格遵守有关安全管理制度、安全操作规程；

2. 正确规范使用劳动保护用品和防护器材（如防毒面具、防护眼罩、耐酸手套、防护面罩等）；

3. 专心工作，严禁睡岗和阅读与工作无关的书、报、杂志等；

4. 严禁利用电脑和手机炒股、聊天、听音乐、玩游戏、看电影、看小说；

5. 工作中不得将脚搁放在桌子、凳子上，出现举止粗鲁，有失文明的行为；

6. 工作中（含当班午餐、晚餐、夜餐）严禁喝酒，酒后不得上岗并按旷工处理；

7. 严禁野蛮操作，严格按工艺要求规范操作；

8. 员工工作中不得发生辱骂、打架情况；

9. 应做好相关的数据记录，并要求字迹清晰，数据真实可靠；

10. 检查和确认曾经出现过错误操作步骤和发生过事故的同类设备；

11. 及时向部门、分厂负责人汇报不安全状况和行为；

12. 应注意生产区域中的各类警示标牌；

13. 在使用设备前，最好对所使用的设备进行一次试运行，以确认其性能良好；

14. 按时认真进行巡回检查，准确分析、判断和处理生产过程中的异常情况、安全隐患并做好记录。若处理有困难应立即向班长汇报；

15. 工作时间严禁员工擅自出入大门；

16. 遵守劳动纪律，不违章作业，并劝阻或制止他人违章作业，对违章指挥有权拒绝执行。

五、工作结束

1. 确认关闭不使用的设备不会对其他岗位或车间产生影响后，关闭不使用的设备，并切断电源；

2. 将使用过的工具放回指定的位置；

3. 清洁工作区域，将生产中产生的各类废弃物存放到指定位置；

4. 关闭暂停使用的真空、物料等工艺管道；

5. 将用剩的原材料退回仓库或存放在指定位置；

6. 认真执行交接班制度，做好交接班工作，认真检查岗位设备、设施以及安全设施、应急、消防等设施是否完好。

六、设备操作

1. 未经过三级安全教育和业务培训考核的，不得单独操作任何设备，包括阀门在内；

2. 未经安全员许可，工作人员不得进入设备内部；

3. 如无法确认设备是否可以开启，在启动任何设备前，应进行检查确认安全的情况下才可启动；

4. 所有设备（包括管道、容器等）不得超负荷运行；

5. 如果没有关闭和释放残余能量，决不能开启各类观察孔、物料孔、人孔或拆除工艺管道和阀门；

6. 生产时，反应釜的物料孔、人孔、视镜等螺栓应全部拧紧；

7. 严禁在设备运行的情况下拆除或堵塞保护装置；

8. 严禁在带有搅拌、旋转、摇摆的设备未停稳的情况下进行加料或清洁工作；

9. 开启和关闭任何阀门前，应停留考虑 10~15 s，考虑确定后再进行作业；

10. 开启或关闭任何阀门时，禁止野蛮操作，应缓慢进行；

11. 操作设备时不得打闹嬉戏或心不在焉；

12. 不得穿带铁钉的鞋子进入易燃易爆区域，在易燃易爆生产区域内不得使用硬质金属工具（如钢管、扳手等）敲打设备和地面，不得随意掷物；

13. 不得敲击压力容器和乱动压力容器上的安全保护装置；

14. 严格规范佩戴劳动保护用品（如防毒面具、防护眼罩、防护面罩、耐酸手套等）；

15. 在旋转的设备旁，应注意工作服的下摆要扎紧防止卷入设备；

16. 不得超负荷吊装，吊装前应检查吊钩、钢丝绳等是否完好有效，吊装中切莫将肢体伸入井道内；

17. 专用货物提升机、叉车、铲车等禁止载人；

18. 危险化学品泄漏，应及时向班岗长、当班调度报告情况，班岗长应立即向厂长汇报，并采取正确的措施清理；

19. 所有事故必须向经理、厂长报告；

20. 遇见任何不安全或违反安全规定的行为时，应立即制止，如果无效，应立即向安全员报告。

七、检（维）修作业

1. “五想，五不”：一想安全风险，不清楚不干；二想安全措施，不完善不干；三想安全工具，未配备不干；四想安全环境，不合格不干；五想安全技能，不具备不干；

2. 必须经过培训考核合格的维修人员才可以进行作业，否则不能进行设备检维修；

3. 替换保护设施或安全装置时，应注意型号须相同；

4. 维修操作须遵守有关的检修管理规定；

5. 佩戴必要的劳动保护用品；

6. 进入设备下方以及在操作不可见的情形下进行维修时，必须关闭设备电源、水源及其他能源供应，释放残余能量，进行冲洗、清消，并醒目地悬挂各种警示标识；

7. 进入容器、下水道、狭窄夹层和通风不良的场所进行维修工作时，应通知安全员，办理有限空间作业票证，并对设备进行有效隔断、清洗置换，检测合格并制定完善安全防护措施后，并落实监护人的情况下才可进行作业；

8. 使用刀具时，注意刀锋远离自己的身体；

9. 禁止抛掷工具；

10. 检修时产生的化学品、机油等固废必须回收，不得随意排放；

11. 动力设备检修时，必须先切段电源，并经验电，确定设备无电的情况下方可进行检修作业。

八、动火作业

1. 动火作业前检查焊机接地线、电源线、焊枪是否完好；

2. 动火作业前检查氧气、乙炔气瓶回火装置、压力表、阀门、橡胶皮管、割枪是否完好，皮管与气瓶、割枪连接是否漏气；

3. 动火前清理现场易燃、易爆物，动火现场树木、杂草应用大量的水浇湿，防止着火；

4. 动火结束后，彻底清理现场不留有余火；

5. 监火人员不得离岗。监火人员离开必须停止动火作业；

6. 开具动火作业证应指定动火作业范围，禁止超范围动火作业；

7. 装置区域内有限空间、水沟、地沟、电缆沟等动火点进行动火作业都要经可燃气体检测合格，才可动火；

8. 动火现场配备足够适用的消防器材及水源；

9. 在动火作业过程当中如有异响、异味应立即停止动火作业，待查明原因后，制定有效的安全防范措施经重新审批后方可恢复动火作业；

10. 设备、管道动火前必须清洗、置换合格并安装盲板进行有效隔离，可燃气体检测合格后方可动火；

11. 管架上动火作业电焊机接地线必须接在被动火管线上，不得接在其他管子上；

12. 距动火点 15 m 之内的所有装有物料的设备预留阀门口、放空管必须安装盲板；

13. 管架上动火必须用石棉布将动火点下面物料管子进行覆盖，动火管道两侧物料管子也应用石棉布覆盖，防止焊枪和火星溅到物料管子上；

14. 电焊机不得摆放在储罐围堰内，必须距装有物料储罐 15 m 以上；

15. 动火作业前必须开具动火安全作业证，否则不得进行动火作业；

16. 施工作业人员施工作业前严禁喝酒，违反者不得进行施工作业；

17. 施工人员必须严格规范佩戴劳动防护用品；

18. 焊把线、接地线、电源线破损的不得进行施工作业；

19. 氧气、乙炔瓶无防回火装置或回火装置损坏的（包括压力表），不得进行施工作业；

20. 氧气、乙炔瓶之间的间距必须大于 5 m，氧气、乙炔瓶距动火点必须大于 10 m，氧气、乙炔瓶必须进行有效固定。

九、有限空间作业

1. 设备必须清洗、置换合格，氧气检测合格（> 18%）、有毒气体检测合格、可燃气体检测合格；

2. 进入有限空间作业人员必须佩戴完好的安全带，安全带挂钩应与牢固的绳索有效连接，绳索另一端拉至有限空间外并加以固定；

3. 监护人员不得离岗，监护人员若要离开，有限空间内作业人员必须停止作业，撤离有限空间（特殊情况或特定环境需 2 人以上人员监护）；

4. 监护人员要经常与有限空间内作业人员对话联系，可以及时了解和掌握有限空间内作业人员的人身安全情况；

5. 监护人员若发现有限空间内作业人员有人身安全情况，应立即将作业人员拉出有限空间，若拉不动，应紧急叫人帮忙，不得擅自进入救援；

6. 作业人员在作业过程当中如发现有刺鼻难闻的气味，应停止作业立即撤离有限空间；

7. 检测人员应每隔 15~20 min 对有限空间进行氧气、有毒有害气体、可燃气体检测；

8. 与设备相连的管线必须安装盲板进行有效隔离；

9. 作业使用的照明、电动工具必须是安全电压，进入铁制设备、容器，潮湿环境必须采用 12 V 安全照明灯具，变压器应远离作业设备并进行可靠接地；

10. 运转装置设备内作业必须切断电源，必须将传动部件脱离并挂“有人作业、禁止合闸”等警告牌；

11. 达不到以上安全要求的严禁进入有限空间作业。

十、危险化学品安全

1. 所有进入禁火区域内的机动车必须安装阻火器，在高危险区域（氢气站、装置区等）应注意督促随车人员关闭手机等通信工具；

2. 装卸危险化学品时应严格遵守装卸（灌装）安全操作规程，防止装卸过程中发生意外；

3. 搬运危险化学品应使用专用工具，禁止在地上滚动搬运；

4. 在进行任何接触危险化学品的操作时，应严格规范佩戴劳动保护用品；

5. 在封闭或通风较差的地点开启危险化学品包装前，应开启固定或移动通风设施；

6. 对性质不稳定，容易分解、变质和引起燃烧、爆炸的危险化学品，应定期进行检查；

7. 危险化学品不慎溅到身上时，应立即到应急淋浴处冲洗；

8. 禁止长期将危险化学品包装容器敞开；

9. 任何危险化学品必须有完整标识；

10. 工作场所不应存放过量的危险化学品；

11. 不得私自携带危险化学品出厂，不得随意将危险化学品存放在指定区域以外；

12. 所有具有易燃易爆、有毒有害、腐蚀性等的危险废弃物必须严格按照国家相关法律法规的要求进行处理。

十一、事故应急处理

1. 工作中发生的所有事故必须即时向直接负责人报告；

2. 在确保安全的情况下有效控制危险化学品泄漏，若无法控制和处理应立即迅速撤离并向班长报警；

3. 就近使用身边的灭火器扑灭初起火灾，及时启动手动报警装置和向班组或部门、负责人汇报；

4. 采取各种措施控制事故蔓延；

5. 从最近的安全出口撤离危险区；

6. 撤离时遇浓烟或异味气体，应用湿布掩住口、鼻迅速离开现场；

7. 事故发生时，各有关人员应立即处于紧急状态，不要慌张，听从指挥；

8. 事故发生后，首先应救助伤者，逆风向转移，采取措施制止事故蔓延扩大，防止二次灾害，并保护事故现场。